China's Management under the Great Changes

大变局下的中国管理

2

专精特新之路

赵向阳 ◎ 著

中国人民大学出版社
·北京·

China's
Management
under the Great
Changes

本书的写作得到了以下三个单位的支持，
作者对此表示衷心感谢。
作者坚持思想独立、文责自负的原则，
本书所有观点仅代表作者本人的立场。

◆ 干城科技创新有限公司
◆ 中国工业互联网研究院
◆ 新经济发展研究院（iNED）

关于《大变局下的中国管理》的部分评论

赵向阳老师是位广谱型学者，他的大脑雷达扫描范围之广、思想穿透力之犀利，都是我所欣赏的少数人才具备的特质。收入《大变局下的中国管理》中的多篇皆是独具思想的管理学方面的"锦绣文章"，它们切中时下国家和企业层面的一些痛点管理问题，视角相对独特，观点切中时弊，文字跳跃而不"八股"，能带给读者一些阅读快感和启发。

——田涛（华为公司顾问、《下一个倒下的会不会是华为》作者）

随性任情，跨界驰骋；经世致用，醒世为文。向阳所著的《大变局下的中国管理》一书，不仅带给读者耳目一新的时局洞见，还生动呈现作者的为学为人。最为可贵的是，这本书有助于读者从根本上思考在当今大变局时代个人的责任、定位与使命。

——陈明哲（美国弗吉尼亚大学达顿商学院讲席教授，国际管理学会终身院士、前主席）

讲真话很难。因为讲真话的人，不仅要有勇气、有胆略，而且需要有广博的知识，有深刻的洞察力，才能讲得出真正的真话，而不是肤浅的"真话"。向阳的经历很丰富，涉及的专业很多，书看得很多、很杂、很勤、很泛，知识面很宽。他常常喜欢发表与众不同、标新立异的观点，而且特别不喜欢人云亦云。有时他宁可不说，也绝对不说违心的话，不说拍马屁的话。他的这个性格我很喜欢，所以和他也比较谈得来。

——王方华（上海交通大学安泰经济与管理学院原院长、"中国管理50人论坛"发起人之一）

向阳是性情中人，讲实话。我们一见面，我就喜欢他。我认为，他具备"三见"的能力：看见、洞见、远见。他眼光犀利，善于观察，思维活跃，勇于探索，认真思考，想得深远。中国与世界都处于大变局之中，因此，我特别喜欢读他的文章。不是每篇文章的所有内容我都看得懂，但他的独到之见常引起我思考，将我带向未来。

——周南（香港城市大学退休教授）

《大变局下的中国管理》得以出版，既放大了中国管理的某种集体无力感，又强调了"在场、多元、意义"的迫切性。最终，是思想的碰撞与交流。我曾不止一次听过管理同行的大话："管理学不缺思想"，缺的是"科学证明"。事实上，管理世界有多少"像样"的思想？又有多少研究敢于声称是"科学证明"？管理思想的传播与科学证明之间到底有多么密切的关系？！向阳的这些文章受到不少管理实践者——体制外人士的青睐，对于致用之学的管理学当然是好事！试想有几篇管理学术论文会受到如此之众的关注？

——韩巍（深圳大学管理学院教授）

赵老师的文章绝不是娓娓道来，而是慷慨激昂，我竟然读出了一种"大珠小珠落玉盘"的感觉。赵老师虽然创立"煮茶问道·本土管理研究论坛"，但他绝不"端茶倒水"，而是直接递给你一瓶可乐，让你心跳加速，或者给你一杯从德国带回来的咖啡，让你喝出醇厚来。通读此书，我的总体感受是，赵老师文笔流畅，但是，他的文笔不及他的才华横溢，他的才华不及他的思想博大，而他的思想远没有他的情怀让人动容。虽然赵老师的这些文章本来是面向企业家群体的，但它们同样适合作为博士生的通识读物。

——吕乐娣（上海大学管理学院2019级博士生）

中国不仅需要扎根祖国大地的管理学家，更需要放眼全球的管理战略学家。我觉得，赵老师应是一位管理战略学家，他既有扎实的管理学研究功底，更有多跨度、多学科、多角度、有高度的思维和视野。他可以跳出管理看管理，不拘泥于"正确地做事"，更知道"做正确的事"。这是商学院教不出来的。读赵向阳老师的文章，有一种爽感，一气呵成，中间不要停顿，不能停顿，也不会停顿。

——李文重（中国人民大学出版社编辑）

初识向阳老师是在创业成长互助联盟（简称创盟）的活动中。彼时他作为管理学学者，义务兼任创盟的顾问，近距离观察创业者艰辛的创业历程和管理实践。近年来一直关注和拜读向阳老师的文章，我能强烈感受到他对管理学深刻的理解、非凡的视角和罕见的理性思辨力。除了管理学学术之外，我还能从字里行间感受到他作为一个读书人浓烈的家国情怀和强烈的社会责任感。我把这归因于他在物理学、心理学、管理学方面的学术阅历，以及游学东西方、博览群书的杂学经历。相信本书中的这些文章能启迪和激励更多的创业者在企业发展、国家进步和民族复兴事业中做出更大的成绩。

——欧阳建平（天阳宏业科技股份有限公司董事长兼总裁）

赵向阳博士是我的老乡、挚友，我们的经历有很多相似之处，因此他的很多人生分享我感同身受。《大变局下的中国管理》中的大部分文章我第一时间都拜读过，并且分享给周围的朋友，大家好评如潮。不同于一般学者的纯理论研究晦涩难懂，或者高谈阔论，向阳的文章思路开阔，旁征博引，信息量很大，但又条理清楚，通俗易懂，实用性和现实性都很强。向阳是一位率性的人，对事件的分析在理性的基础上充满了激情，这一点尤为打动人。我喜欢他的文章，欣赏他的为人和做学问的品格。《大变局下的中国管理》值得一读。

——何钦（北京真之影文化传媒有限公司董事、总经理，电影制片人、监制，电影节评委、选片人）

赵老师是个生命浓度比常人高许多的人，炙热、坚持、真诚。多年来，我们击掌有时，争执有时。无论是赞同还是反对，我俩都热血沸腾、毫不克制，能把情绪放大到最大值，全无君子之交的从容与和而不同的风度。但是，我们尚能保持多年友谊，是因为他的知行合一。他是真的相信自己所说的，也认真地身体力行着。仅此一点，我就必须尊重！

比装睡的人更可怕的是装醒的人。装睡的人至少愿意醒就醒了，而装醒的人却不知道自己只是在梦游而已。比起那种动辄用片面的理论去教导大众的专家学者，我们更应该尊重用生命去实验、去践行自己理论的人。

《大变局下的中国管理》中的大多文章都是赵老师在实践中的所见、所思、所悟，也会是他接下来一段时间去认真推行、实验的内容。我很期待他实验的成果，也期待更多的朋友和他交流、交锋。君子之交贵至诚以待，和而不同且勉励前行。

——马国宁（央视《职场健康课》常驻嘉宾）

过往表明，赵向阳教授可谓管理学界的"堂吉诃德"。这本书记录了他"以大格局应对大变局"的思考和探索。个人理解，这是一本"三好"管理著作：

一是好在探讨的始终是管理世界的真问题。从国家层面、组织层面到个体层面，问题真切、实在，没有伪问题，展示了管理著作所应该具有的现实关切。

二是好在讲真话，而且是有洞察力的真话。如果说理论是一条河流的话，那么相对于管理学而言，社会学、经济学、政治学和不分家的"文史哲"更靠近河流的源头。阅读本书，有畅游之喜，有启发之乐，有"千里快哉风"拂面之快。在探寻可能性的过程中，本书展示了管理研究所应具有的知识谱系与宏阔眼光。

三是好在文章背后始终站着一位真性情的作者。这些年来，向阳教授似乎一直率性而为，不乏任性之举，而又充满韧性活力，像极了那位堂吉诃德先生——你认为我是谁并不重要，重要的是"我知道我是谁"。或许，我们不妨将其理解为，作为一位学者和管理实践者值得努力"去除遮蔽"的意义追寻与理想守护。此中真意，唯有读者可鉴。

——曾宪聚（深圳大学管理学院教授）

初识向阳，印象最深的莫过于他身处学界，却一袭黑衣、胯下摩托、英俊帅气的骑士风范。逐渐熟悉，发现他更像是徜徉于思想海洋中撷英咀华的骑士，一位在海边寻觅思想火花的拾贝人。《大变局下的中国管理》正是用他平时积累的珍珠串成的一串闪亮的项链。希望这本书能启发更多人，让大家各自的珍珠皆能熠熠生辉。

——刘刚（国住人居工程顾问有限公司战略总监）

初涉学术圈，就听闻了两个人的名字：赵向阳和韩巍，都以犀利著称。默默地围观了一次向阳老师的"煮茶问道·本土管理研究论坛"后加了他的微信，结果刚一通过就被灵魂三问："你是谁？你要干吗？我认识你吗？"吓得我隐身了很长一段时间。后来，就是和明哲老师、向阳老师相聚四川铁骑力士集团，参观完毕临上车前一分钟，向阳老师突然拉住我，跟我说："你一定要开发一个铁骑力士的案例，名字我都给你想好了，就叫'Values create value'（价值观创造价值）。"然后，他头也不回地上车了，留下一脸懵的我。再后来，我们团队给铁骑力士开发了18篇案例，唯独不敢用这个题目，估计是留给第20篇案例的。我很喜欢陈明哲老师的这句话——"随性任情，即是向阳'一以贯之'的精神。"学术圈幸好有向阳老师如此"有趣"的人，处处有惊喜，随时有惊吓。"其文如其为人"，《大变局下的中国管理》，让人期待。

——何波（西南科技大学经济管理学院教授）

收到教授或企业家们寄来的新著作，我一般都是翻翻就放下了。每年都有10余件类似的事情。为什么？绝大部分著作都是走"中国企业实践＋摘抄欧美经典管理理论做注解"的套路。我习惯了中国商学院教授绝大部分就是欧美教材翻译官的模式，我更习惯了中国管理学界关于中国企业管理实践粗浅到让人无法忍耐的描述与定义。

但是，赵向阳博士的书，还是让我震撼。

（1）他咀嚼中国管理实践时非常认真、细致甚至深入，触及中国管理实践人士的真问题和实困惑。比如"用生存智慧渡难关"这样的判断，是非常有用的，不像绝大部分学者会像泼妇骂不争气的丈夫那样数落"没有战略，没有组织结构……导致今天的烂摊子"等。

（2）他使用的管理理念和思路是有自己的视角、更有自己的爱在其中的，不像绝大部分管理学者像"鞭尸"一样谈论着中国企业家与企业管理者这些活人的行为。"隐藏在中国人内心的偏见"一段，触及中国管理者们心理建设的缺乏。华景咨询倡导"修炼而不是学习"才是管理成长之道，也是如此。

（3）向阳视角超越了管理学、经济学的单维视角，使用了心理学、社会学等视角去思考中国管理之道。华景咨询在18年的实践中，发现企业管理实践是在真实的社会中运行的，不是在经济管理抽象过的环境中运行的。企业管理务必结合公司治理、社会、科技、经济和政策法规等环境！

——佟景国［华景咨询（深圳）有限公司董事长］

老友赵向阳博士是一位创业、著书、译书颇多的人。2021年7月中旬，收到赵向阳博士寄来的他的新书《大变局下的中国管理》，便如饥似渴地拜读起来。之所以急于一探究竟，并不仅仅是因为"大变局"的书名，也是因为赵向阳博士历来观点独特、似执似疯。这在人云亦云的众生中多少有些弥足珍贵。

速读了一遍，意犹未尽，然后开始一点点啃食……

的确，我们身处一个巨变的时代，无论生活方式还是生产方式，管理乃至创业，都是在激荡中巨变，似乎一切都在巨变中迭代甚至重建。曾经的经典管理理论在互联网时代的异类们面前黯然失色（起码失去了旧日的光环），自由主义也遭遇到了设施主义基础上的产业集群、经济带的挑战，昔日全球化规则的制定者也恼羞成怒地为全球化设置各种栅栏。一场贸易战让这一切登峰造极地登场了。

在全球大变局之下，原来的"学生"越来越特立独行地存在，转向了自我修炼。中国管理就是这样一支力量，逐步有了自己的模样。也许，今天中国管理依旧无法输出什么理论与范式，但特立独行就是一个崛起的开始。其中的代表之一就是华为，其文化的韧性让一个头号帝国兴举国之力竟然也没能令其崩溃，而且还在升级中的科技战"上甘岭"（鸿蒙）渐渐站住了脚跟。

在《大变局下的中国管理》一书中，大到管理模式的三个转向、小到公司内部创业反脆弱四原则，一些独到的观点总会让人眼前一亮。书中的一些反思也会引发人们对风潮与特定现象的思考。虎歌本人非常赞成赵向阳博士的观点，不是什么人都适合创业。是否适合创业，更多取决于内在的野心而不是外在的期望。但"以创业的思维去就业"则是一种新的就业观，因为中国太需要企业中独当一面的中坚力量。

感谢赵向阳博士在《大变局下的中国管理》中为中国管理破题……掩书遐思，一个词突然蹦出：中国管理，蓬勃而年轻。

——张怀清（虎歌）（精一天使公社联合创始人、

《创业地图：从 0 到 1 精益创业导航》作者）

棒子歌——赠向阳

昨日在西城，雅集清茶舍。
有人说向阳，并非是棒喝。
说他是棒子，逗得大家乐。
虽然乐开怀，感觉很恰切。
余观赵向阳，混迹在学界。
治学如顽童，仿佛漫游客。
皇帝未穿衣，他敢直指破。
自诩能吹毛，求庇那与这。
科学之精神，常教学人怯。
我与向阳交，交情还不错。
屈指五载余，同行多不解。
其实都不知，我俩一丘貉。
丘貉亦有怀，素襟同开阔。
不与污同流，书生甘寂寞。
亦能下蓬蒿，悲悯青萍末。
棒子亦如何？横扫罡尘屑。
所谓大学者，无非识与魄。
丈夫自光明，游息俱磊落。
纵然至水穷，何妨云起落。
相逢且相酬，共酹千古月。

——周一白（周长辉，北京大学光华管理学院教授）

自　　序

"大变局下的中国管理"是一个宏大的命题，它涉及从个人、企业、商学院、政府到国家和国际关系，横跨多个层次，涉及方方面面、无数个命题，需要中国管理学界的全体同人一起来回答。

2021年7月，以这样一个宏大的书名出版了第一本书之后，我不免惴惴不安，因为帽子太大了，显得"名不副实"。《大变局下的中国管理》由19篇精选文章组成，共26万字。从那时起，我就下定决心：每隔两三年，以同样的书名，出版《大变局下的中国管理2》《大变局下的中国管理3》……以对得起自己已经吹出去的牛皮。现在，《大变局下的中国管理2》和《大变局下的中国管理3》终于来了，我心甚慰，感到稍微轻松了一点。《大变局下的中国管理2》和《大变局下的中国管理3》，包括33篇文章，约40万字。为了便于阅读，分成两个主题出版：一个是《大变局下的中国管理2：专精特新之路》，另一个是《大变局下的中国管理3：商学院批判与自我革新》，大多数文章都是过去两年里所写的，也有六七篇文章要追溯到十多年前，但几乎没有在期刊上正式发表过。

近年来，大家深切地感到我们身处一个VUCA（快变性、不确定性、复杂性和模糊性）的时代，各种"黑天鹅"群飞乱舞，让人疲于奔命。不管是中美贸易战、中美技术"脱钩"、新冠疫情、俄乌战争，还是自媒体泛滥之后七嘴八舌带来的后真相困境、新一代互联网和人工智能革命等，总之，我们处于百年未有之大变局。如果说《大变局下的中国管理》的主题是中国经济转型和全球化，那么《大变局下的中国管理2》和《大变局下的中国管理3》则是进一步回答了在这种剧烈变动的时代背景下，中国企业和中国商学院到底应该怎么办。

这三本书在内容上有相对紧密的关系。如果说第一本书主要是提出问题和可以借鉴的对象（德日模式），那么在《大变局下的中国管理2》和《大变局下的中国管理3》中，我开出的药方主要是鼓励企业走"专精特新"之路，以及对中国商学院目前所走的强调实证研究、发表、基金申请和各种"帽子"等急功近利、浅薄的学术道路的批判，最后介绍了我在相关方面的一些个人革新性探索。所以，三本书之间的关系是层层递进的，逻辑上是环环紧扣的。根据主题，《大变局下的中国管理2：专精特新之路》更多是面向实务界；《大变局下的中国管理3：商学院批判与自我革新》更多是面向学术界，包括打算攻读MBA或者管理学博士研究生的人。事实上，如果想要完整、立体地了解我的观点，这三本书缺一不可，相互参照着阅读，才不会误解我的本意和初心。

关于"专精特新"的思想脉络事实上早已在《大变局下的中国管理》中埋下伏笔，我在那本书中特别强调了德日模式下重视商业伦理、利益相关者、实体经济、高端制造、工匠精神、缩小贫富差距等，也对美国模式进行了批判（"今日的美国，真的病了吗？"），对"双创"中出现的一些大冒进问题以及2010—2020年间中国经济"脱实向虚"问题，还有P2P金融、平台垄断、教培行业等进行了批判（"是时候，应该理性地反思一下创业了！"）。可以说，2021年7月《大变局下的中国管理》出版的时机恰到好处，与当时国家对资本无序扩张的治理整顿的政策完全一致。但是，这不是我投机取巧、曲意迎合的结果，而体现了我多年来一以贯之的坚定立场。再说，这些文章主要写作于2019—2020年间，编辑出版又花了大半年的时间，谁能预料到后来国家政策方面的风云突变呢？

《大变局下的中国管理》出版之后，我转向对德日模式的深层逻辑、"专精特新"企业的研究。我所有的研究主题历来有一个特点，就是来自自己的亲身经历或者个人观察，而非单纯来自对学术文献的阅读。而围绕我对于"专精特新"企业研究的起因，有一个很有趣的故事。关于中小企业的创新创业的研究和教学一直是我的本行，而我对于德国"隐形冠军"的关注，从2000年我在北京大学读研究生时就开始了。但是，我对于"专精特新"政策方面的关注始于2021年8月。一天，我突然接到一个陌生电话——北京市某机构的领导偶尔看到我的那篇流传甚广的《大变局下的中国管理：从以英美为师，转向与德日同行》之后，邀请我参与他们正在筹建中的智库的工作，提供咨询报告。他向我提出的第一个问题是："如何从北京市的角度出发，学习借鉴德国和日本的优秀经验，特别是如何培育北京市的'专精特新'企业？"

说实在的，听到"专精特新"这个拗口的名词，我当时都很难一次性正确发音。但是，三四个月之后，我就变成了这个主题的研究专家，因为在这段时间，我密集地阅读了相关的政策文件，尽可能多地收集了现成的企业案例，并且走访了几家专精特新"小巨人"企业，凭借多年的学术积累，进行了深入研究。2021年11月23日，当我看到国务院与工业和信息化部所发布的关于促进中企业发展的三个文件之后，我于11月26日写下了这个主题的第一篇文章，这也是我平生第一次解读政策文件。

有意思的是，有40多家媒体和自媒体转载了这篇文章，阅读量甚多。于是，我陆陆续续在公众号"大变局下的中国管理"上写下了20多篇与"专精特新"有关的文章。从此以后，我就接二连三地接到不少国家单位和机构的合作邀请，甚至平生第一次上了《新闻联播》，并且应国资委《改革内参》的邀请，撰写了一篇内参报告。这好像是意外的一炮走红，实则是多年厚积薄发的结果。

因为"专精特新"主题的系列文章时效性比较强，所以我在将其选编入本书时，对这些文章做了比较大幅度的修改，只保留了那些探索底层逻辑的、有更多个人观察和体悟的、思想性强的、比较耐看的文章。这个单元系列文章的排列方式，一是基本上按照发表的时间顺序排列；二是按照从微观到宏观的顺序排列，其主题覆盖了普通中小企业、创新型中小企业、专精特新"小巨人"、龙头企业、数字化转型公共服务平台赋能"专精特新"企业、围绕特色产业集群建设工程技术创新中心最后到共同富裕、乡村振兴以及与德国"隐形冠军"的国际比较研究等。

举例来说，共同富裕与"专精特新"之间有什么关系？为什么要把这两个主题联系起来呢？在我看来，共同富裕是理念和目标，而"专精特新"是实现共同富裕的方法和路径。研究表明，"专精特新"企业是中小企业中的中坚力量。所有中小企业发展得比较好的地方，当地的经济发展水平都比较高，而且贫富差距比较小。在我国，浙江是专精特新"小巨人"企业数量最多的省份，同时，浙江也是"共同富裕先行示范区"，可见这两者之间有内在联系。

《大变局下的中国管理3》则包括了两个环环紧扣的单元，那就是"商学院批判"和"自我革新"。这两个单元收录了差不多过去十年里我所写的一些关于中国商学院和管理学研究的批判性文章。当今中国面临前所有未有的机遇和挑战，如果中国商学院不能改变自己在学术精神上的孱弱和功利、在研究方法上的因循守旧或者食洋不化，口口声声说要面向管理实践，"把论文写在祖国大地上"，实际上仍然以论文发表、基金申请和追求"帽子"为导向，那么我们就对不起这个剧烈变动的伟大时代，我们的研究成果就不会被企业管理者和政策制定者所重视，发挥不了自己的价值。所以，我特别把涉及这两个主题的19篇文章单独编辑成册以飨读者。

"商学院批判"这个单元的一些内容，可能令管理学界的某些教授感到难堪。在习惯了你好我好、相互吹捧、和稀泥或者选择做一个"沉默的大多数"中的一员的中国学界，公开发表这样的文章是有一定的风险的。支持我个人无所畏惧前行的信念来自陶铸先生的"心底无私天地宽"，我也接受"知我者谓我心忧，不知我者谓我何求"的命运。

"自我革新"单元里所收录的系列文章，反映了我在批判和反思之后的一些个性努力，虽然不成系统，但是有其独特的价值，尤其是永葆天真和趣味之心。例如，我把自己的创业经历写成了案例，而且与孙黎教授合写了案例使用指南。我也反思了自己的两篇"爆款"文章流行的原因，以及背后的可能的动力机制。我估计读者很少见到这种把自己个人经历放在理论的手术台上大卸八块、剖析得如此透彻的管理学文章。我希望自己时时刻刻活在研究中，把自己当作研究对象和研究方法本身，按苏格拉底的那句名言"未经反思的人生是不值得过的"来活。

除此之外，我还选编了管理学研究应该如何转向的两篇文章，讨论如何真正应用多元范式做管理学研究，而不是停留在口号上，以及中国传统文化如何与管理学经验研究相结合。除了创造新知以外，我认为，商学院最重要的任务是传播知识和培养学生，所以我介绍了自己在 MBA 和博士生课程教学中的一些尝试，包括案例教学、情感教育、"管理哲学—管理理论—管理历史"三者结合的博士生课程模式。

特别开心的是，2021 年 9 月 24 日，我接受了正和岛《决策参考》副主编王夏苇先生两个多小时的采访。年纪轻轻的他，非常深入地阅读了《大变局下的中国管理》，然后提出了 13 个非常有挑战性的问题，这些问题包括德日模式的深层逻辑、共同富裕、"专精特新"、当时正在进行的政策调整、对平台经济和教培行业的治理整顿，最后涉及管理学的研究方法，以及管理者和管理学者在当下这个时代所扮演的角色等。这些尖锐的问题激发了我的表达欲望，给了我畅所欲言的机会。回头来看，这篇采访简直就是为《大变局下的中国管理 2》和《大变局下的中国管理 3》提前做了彩排，而且对第一本书和后续两本书进行了巧妙的桥接。所以，我就把这篇访谈录放在《大变局下的中国管理 2》的开篇，权当是一种特殊形式的"内容梗概"。读者从这个访谈录里可以看出，本书作者对本书中很多观点的思考和坚持不是临时起意，而是经过深思熟虑的，有的甚至长达十几年时间。

最后，我以《为什么我不打算升教授？》一文结束《大变局下的中国管理 3》。这是一篇写于 51 岁生日之际的明志之文，回应了部分朋友的一些关切。我写出来之后，只在很少几个朋友之间分享过。一位资深的管理者，也是非常有思想的企业管理顾问看完之后，在微信里给我留言："文章很长，我仍然一口气读完了，但结果是：我不知道该哭还是该笑，前者的成分多一些吧，太沉重了！我在想，我这是窥见了一个什么样的灵魂？又应该用什么样的语言，去描绘这样一个灵魂？世俗地说，赵老师你应该轻轻地用一把力，在不违反做人大原则的前提下，给老婆、小孩和其他真正关注和关心你的人一个交代；另外，如果你真发表这样的文章，那不用说，肯定对你的负面影响会非常大，但这种声音，如果不在这个世界上发出来，是多么可惜！这是真正的发自一个人灵魂深处的声音！必须要说谢谢你发给我这篇文章，我已经把你视作灵魂的伙伴了！"

总之，与《大变局下的中国管理》相同，《大变局下的中国管理2》和《大变局下的中国管理3》仍然是一本文集，而不是一本"专著"。文集或许并不被市场所接受，但我不一定非要选择满足某些读者的需求。我一贯认为，著书立说是一种思想上的引领而非迎合，是一种价值观和认知观念相似的人们之间的精神交流。我希望每一本书的内容足够丰富多彩，但各个主题之间又有某种程度的关联，就像我一直坚持探索的"珍珠项链模式"一样，有一条丝线能把所有的文章串起来。

我希望《大变局下的中国管理2》和《大变局下的中国管理3》能把一些时效性、实用性、政策性的内容与思想性、学术性、个人风格强烈的内容糅合在一起。在任何时候，不同的读者拿起此书，都可以在书中找到几篇他们喜欢的文章，从而度过一个愉快的午后或者寂寞的夜晚。我不希望自己的书是单薄的、干巴巴的、速朽的（虽然这很难），几年之后作者自己都不愿意翻看，更何况读者呢？所以，我希望这两本书不同单元之间的组合搭配可以带来这种丰富性和平衡感，带来酣畅淋漓的阅读体验，使尽可能多的人觉得开卷有益。

收入两本书中的部分文章的初稿曾经在本人的两个公众号"大变局下的中国管理"和"本土管理研究"上发表过，但是，没有在任何期刊上正式发表过，这也是我选编这些文章时所坚持的一个原则。把一挥而就、未经精心雕琢的公众号文章改写成精确严谨的正式出版物，不是那么容易的事情。所有文章都经过了我和编辑的仔细编辑、反复推敲和润色，质量方面有了明显的提高。不过，在绝大多数情况下，我选择保留了当时写作的时间背景、动机、灵感和读者反馈，而不是依据事后发生的变化做过多的调整甚至文过饰非。一则，我希望始终保持作为一个学者的诚实和真诚；二则，我希望让读者清晰地看到我思想演变的痕迹。

《大变局下的中国管理》系列作品出版过程中，我得到了许多师长和朋友的帮助。首先，我要特别感谢华为顾问田涛老师。除了我的家人，这个世界上给予我最多帮助的肯定是田涛老师，他对我的期望经常比我对自己的期望还高。如果没有他的不断激励和鞭策，估计也不会有这三本书，以及未来的其他著作。他对《大变局下的中国管理》的喜爱和大力推荐，让我感到惶恐不安。我之所以勉力而行，很大程度上是不想让田涛老师对我感到失望。

其次，虽然本书是"专著"，但是，有几篇文章是我与他人以多种方式合作的结晶。这包括《数字经济"专精特新"企业培育新探索：基于成都的实践》（与新经济发展研究院曹宝林先生合作）、《"专精特新"企业是共同富裕和乡村振兴的主力军和重要基础》（深圳大学曾宪聚老师和曾凯同学提供了其中的四川天虹丝绸案例）、《麦当劳化的商学院与管理学》（与中央财经大学商学院刘书博老师合作）、《案例指南：从剪纸艺术网站到夸父心理——持续不断的创业人生》（与美国麻省大学洛厄尔分校商学院孙黎老师合作）、《如何写出一篇百万＋的文章？破解关于创造力的种种迷思》（在这篇文章的后面，天津大学张维老师撰写了一篇回应文章《关于创造力的遐（瞎）想》）、《"非科学性"让管理研究变得更好：再论多元范式》（与深圳大学管理学院韩巍老师合作）。与他们的合作为这两本书增色不少，在此表示衷心的感谢。

最后，我要特别感谢中国人民大学出版社的李文重编辑。通过《大变局下的中国管理》系列作品的出版和营销过程，我才深切地理解了编辑工作的专业性和不容易，所以在写作和编辑新书的过程中，我时刻提醒自己尽量给他们减少麻烦，自己能解决的问题自己处理好，但是，他们的价值和贡献仍然是无可替代的。

祝各位读者朋友阅读愉快！如果有任何问题，欢迎在我的个人公众号"大变局下的中国管理"上进行交流。

大变局下的中国企业管理：正和岛采访实录

时　　间：2021年9月24日10:00—12:00
采访地点：正和岛会议室
采访对象：赵向阳（北京师范大学副教授）
采 访 人：王夏苇（《决策参考》副主编）
采访重点：政经大趋势、企业管理模式与方法论、商业价值观

一、政经大趋势

1. 您在新书《大变局下的中国管理》中提到一个提纲挈领的观点——我们曾"以英美为师"，但美国"大金融＋大科技"、经济脱实入虚的发展模式日益凸显弊端，加上贸易战和疫情下全球化倒退等因素，中国有必要借鉴德日的发展模式，"与德日同行"。当下国内经济界也有很多立场相近的声音。在您看来，这种发展模式的转型正在发生吗？有什么迹象可以供企业参考、判断？

赵向阳：这个观点是2019年9月我在"中国管理50人论坛"（兰州大学）上提出的。我当时写了一篇文章《大变局下的中国管理：从以英美为师，转向与德日同行》，引起很大的反响和共鸣，全网有

200万的阅读量。出版的新书《大变局下的中国管理》就是基于这篇文章拓展而来，其中包括很多关于中国企业未来走向的思考。

总体来说，过去的两三年里，甚至在更长的时间里，至少从2012年开始，我一直觉得是在黑暗中坚持，很苦闷。2020年10月底的时候，马云在第二届外滩金融峰会上发表了一则演讲，我第一时间就在"中国管理50人论坛"的微信群里对这则演讲的核心观点提出了质疑，当时有很多人不理解。2021年12月初，令人意想不到的是蚂蚁金服上市被叫停，政府对平台经济反垄断和限制资本无序扩张的治理整顿开始了。2020年12月初，我在一个全国MBA创新创业的会议上做了一个主题报告，标题是"It is a beautiful theory, but perhaps wrong"（这是一个美丽的理论，但有可能是错误的）。后来，正和岛在转发这则演讲时，用了一个标题"是时候，该理性地反思一下创业了"。总之，我对前些年中国经济活动中的一些现象和趋势感到不满意和担忧，例如，P2P金融、教培行业、房地产、泛滥的共享单车等，我觉得它们很大程度上不是在创造价值，而是在毁灭价值，至少是在转移价值。它们加速了内卷，提高了整个社会的交易成本。但是，这种苦闷一直到2021年7月初，突然之间，有一种天亮了的感觉。《大变局下的中国管理》也刚好是在那个时间正式出版的，其中包含的很多思想观念和当下的政策调整非常一致，但是，书中的多数文章发表在2019—2020年间，可以说是具有前瞻性的。

过去半年时间里，我们可以看到两方面的现象：一扬一抑。一方面是对滴滴的审查、对平台垄断的治理、对教培机构的整顿、对娱乐圈乱象的治理，以及对房地产市场的"房住不炒"的严控、对房产中介的整顿（比如，杭州直接可以网签，绕过了房产中介）。

另一方面，国家在大力推进"专精特新"企业。比如，2021年7月27日，刘鹤副总理在全国"专精特新"中小企业高峰论坛上致辞强调，"'专精特新'的灵魂是创新"；7月30日，中央政治局会议强调大力推进科技自主自强，发展"专精特新"企业，解决"卡脖子"问题；9月2日，国家领导人在2021年中国国际服务贸易交易会上宣布推出"北交所"，服务创新型中小企业的发展。关于做大做强创新型中小企业、硬科技，解决"卡脖子"问题，产业链补链补短板、锻长板等，一下子蔚然成风。在普通人看来，在七八个月的时间里，国家政策发生了明显调整，可见中央的决心之大，雷霆万钧。

我认为，2021年的这次转型升级，可以说是"中国的第四次改革开放"。第一次是1978年前后农村联产承包责任制；第二次是1992年邓小平同志南方谈话，许多人尤其是知识分子下海经商，涌现出一大批著名的"92派"企业家群体；第三次是2001年加入世界贸易组织（WTO）前后，中国拥抱全球化，逐步成为世界工厂；第四次就是2021年开始，这一次的一个重要特点是强化实体经济，建设制造业强国，所以创新型中小企业即将进入发展的黄金时代。2021年7、8月份，许多企业家看不清楚方向，有点人心惶惶。我就告诉大家不要慌，不要被某些别有用心的人带节奏，不要跟风，不要动摇，要把心态放正放平，专心致志做好自己的企业，服务社会。

2. 中国政经环境、社会环境有自己独特的复杂性，"以英美为师"就没有将经验全盘移植，而是发展出了自己的特色。显然，中国与德日两国在国家体量、社会制度、社会文化上也不相同，"与德日同行"也会与德日存在差异之处。在您看来，这种差异可能会给中国企业发展带来怎样的问题、怎样的机遇？

赵向阳：如果读者仔细地阅读了《大变局下的中国管理：从以英美为师，转向与德日同行》一文，就会明白我的真实意思。所谓借鉴德日，主要是指借鉴德日重视实体经济，以实业立国，发展高端制造业，重视利益相关者，社会发展比较平衡，贫富分化相对较小而已。中国因为国家体量、政治体制、时代背景、历史路径等原因，不可能也没有必要全盘复制德日的模式，中国一定能走出一条自己的新路，也就是中国特色社会主义道路——一条共同富裕的道路。

我最近一直在研究德日模式的深层逻辑。你可以把国家发展的逻辑比喻成一个金字塔或者冰山。企业发展的商业模式和管理模式事实上是一种表层现象，属于金字塔塔尖或者冰山浮在海面上的一角而已，它们深深地植根于所在国家的自然地理环境、历史过程、政治体制、文化土壤以及产业生态系统之中。只有深刻理解深层逻辑，你才能理解英、美、德、日等国是怎么发展起来的。研究德日不是为了研究德日，事实上是为了更深刻地理解中国，因为社会发展的深层逻辑可能是相似的、是可以迁移的。你越研究深层逻辑，越能理解中国过去70多年以及改革开放40多年里我们所走过的道路背后的动力机制和历史必然性，会对这个国家有更多的认同感。

相对于英美模式，德日模式更强调国家的整体利益，强调产业政策和有秩序的自由。德国的经济模式被称为社会市场（social market），而我们是社会主义市场经济。德国也有非常明确的产业政策，例如，德国工业4.0等。它们也有大量的政府补贴，不过，它们是把政府资金主要用于扶持第三方机构的发展，而不是直接用于补贴某一个具体的企业，例如，它们大力发展应用技术研发的弗劳恩霍夫协会或者专注于技术转移的史太白技术转移中心，让它们间接地帮助所有的中小企业。

中国实行一种"一统体制"，有强有力的党的领导，可以一张蓝图绘到底；有超长期的投资和前瞻性的战略谋划，一届政府可以接着一届政府干。同时，地方政府之间存在着锦标赛式的竞争，你争我赶，有强烈的紧迫感。除此之外，中国还有庞大的国企，掌握战略性资源，是中国这只大船的定海神针，全世界任何其他国家都没有类似的体制特点和资源优势。总之，作为一个后发国家，我们借鉴了英、美、德、日等国的许多优点，又创造出了许多独一无二的特点，正在"弯道"超车。

当然，我们的体制也存在很多问题。在这种政治体制下，因为官员拥有太大的权力，所以政商关系是一个非常难处理的问题。如果企业家与政府官员走得太近，容易产生太多的腐败，一个官员倒下之后会牵扯出很多企业家；走得太远，原则上政府应该办的事情可能也办不了。所以，在中国办企业，尤其是企业规模大了以后，处理好政商关系是成功的必要条件。合理的政商关系应该保持亲清关系，不要勾勾搭搭，不要勾肩搭背。

另外，企业家对国家的产业政策要了解，既要有信心，也要积极争取相关的扶持政策，要和政府同心同德，做同路人；但是，也不能盲目跟风，不是说每一个政策热点和经济热点，你都要去跟、去抓，一定要保持企业战略定力，长期聚焦自己的主业。不过，适合自己的风来了的时候，也要顺势而为，加快发展。

至于你问的机遇，我觉得至少包括以下几点：

第一，要和国家发展方向保持一致，坚定不移地走"专精特新"的发展道路，解决"卡脖子"、补链补短板、锻长板问题。

第二，可以充分考虑某些地方政府招商引资政策，但是，在进行海外扩张，转移到印度和东南亚一带之前，优先考虑一下中国的西部地区，为减少中国区域发展不平衡做点贡献，尽量把工作机会留在国内，保证产业链的完整性。

第三，中小企业抗风险能力差，如果要拓展国际市场，一定要组建联合舰队抱团出海，充分发挥政府、行业机构、龙头企业、国企等的引领作用。另外，以产业园的形式进入海外市场已经被证明是最有效的中国企业国际化策略之一。

二、企业管理模式与方法论

3. 德国经济一个公认特点是"专精特新"中小企业发达。在您看来，我们的中小企业与"专精特新"的差距主要体现在哪些方面？从企业管理的角度来看，企业家该如何去弥补差距？期待您谈谈从中德两国学习、研究、生活中得到的洞见。

赵向阳： 坦率地说，中国的"专精特新"企业离德国的"隐形冠军"事实上还差着一个"欧亚大陆"。"专精特新"这个概念提出至少已经有10年时间了，最近因为北交所的推出，突然一下子火了。

在我看来，"专精特新"至少有两层含义：第一，中小企业发展的必由之路，成功率最高的发展策略；第二，它是国家培育优质中小企业发展的分层次体系中的一个关键环节。目前，各省市"专精特新"培育企业大约有4万家，而工业和信息化部认定的专精特新"小巨人"有4762家，此外，"单项冠军"和品类"单项冠军"有600家左右。在这个金字塔中，"单项冠军"在实力上最接近德国的"隐形冠军"；而一般性的"专精特新"甚至"小巨人"企业，离德国的"隐形冠军"差距仍然非常大。

中国的"专精特新"与德国的"隐形冠军"差距在哪里？主要体现在产品品质、价值创造的深度、核心技术能力、知识产权的数量和质量（尤其是高价值知识产权）、行业领导地位、品牌影响力、参与国际和行业标准的制定方面。至于说国际化程度方面，我们差得太远了，基本上还没有怎么迈出国门呢。

除了纵向的实力上的差距以外，我们还可以进行横向比较。横向比较无所谓好坏，更多的是类型上的参差各异而已。中国的"专精特新"企业在某些方面非常不同于德国的"隐形冠军"，包括如下特点：

第一，德国是联邦制，它们的城市分布相对很均匀、城乡差距小，很多"隐形冠军"广泛地分散在德国的中小城市和农村地区，甚至森林边上；而中国的"专精特新"表现出明显的地区差异，主要集中在京津冀、山东、长三角、福建、珠三角等，大多处于大中城市，至少是二三线城市，很少下沉到县城或者农村。

第二，中国的"专精特新"企业主要是制造业，不涉及服务业。德国的"隐形冠军"里有11%左右的知识密集型服务业企业，它们的行业分布非常多元化。刘鹤副总理讲"'专精特新'的灵魂是创新"，专精特新"小巨人"企业的评选被认定是有明确的战略导向的，主要是为了解决"卡脖子"、工业强基、补链补短板等问题，现在还谈不上国际化和增长。而"隐形冠军"等于持续创新再加上国际化，它至少是两条腿走路的。没有持续创新就没有价值创造深度，没有国际化就没有横向拓展的规模经济和企业成长。

第三，德国的"隐形冠军"更多依靠内源性融资，靠自我滚动积累；而中国"专精特新"以前更多是靠银行和自我积累，以后可能要靠股权市场、风险投资等。北交所推出之后，资本市场一片欢腾，中国的"专精特新"会不会因此变得非常浮躁，以上市为导向，而不是以创新为导向，不是以客户为导向，盲目多元化扩张、短期导向、套现离场等，这是我最担心的。

至于说如何弥补这种差距，我觉得最重要的是以下因素：

第一，文化观念和经营理念上的转变：专注专心、工匠精神、甘于寂寞、咬定青山不放松。

第二，加大科研投入，掌握核心专利和商业诀窍，在西方公司所设置的专利丛林里实现特殊路径的突破，或者在战略新兴行业里领先一步，"弯道"超车。

第三，在政府的指导和支持下，特定行业或者中小企业特色产业集群建立共享的工程技术创新平台，帮助中小企业提高整体研发新产品的能力，提高科研院所的成果转化效率。

第四，拥抱数字化，降本增效提质，提高管理和生产效率。

第五，至于企业国际化，首先依赖于国际化人才的培养和积累，这是一个长期试错的过程，没有捷径可以走。我们应该鼓励大学毕业生志在四方，去海外闯荡，建功立业。

4. 在大变局时代，企业经营可能将面临越来越多的不确定性。在您看来，我国中小企业严重缺乏危机管理意识，而华为是中国企业里最有危机意识的，"活命哲学"是其长期战略之一。您认为中小企业缺乏危机管理意识的原因是什么？该如何贯彻"活命哲学"？

赵向阳：谁说中国的中小企业严重缺乏危机意识？应该没有这方面的严谨研究，大家都是以讹传讹。我觉得绝大部分中小企业都活得战战兢兢、提心吊胆，只不过它们应对危机的能力和资源比较欠缺而已。

第一，过去三四十年里，中国市场高速成长，机会很多，同时，中国政府逆周期进行市场调节的能力不断增强，所以，中国没有出现过严重的经济萧条，导致很多企业机会主义盛行，抓机会胜过防危机。有人说，"清大北大不如胆大"，这种机会主义哲学在某些特定时间让一些人暴富成功，一旦形势急转直下，不管是政策还是国内外经济形势出现严重的逆转，企业经营一定会出现严重问题。

第二，从高速发展到高质量发展，最重要的是改变企业经营的观念。要注重管理内功，强化研发，提升品牌的知名度和美誉度等。要有足够的企业内部收益留存，降低企业的债务负担。2022年年末，我国整体的宏观杠杆率是 273.2%，其中企业是 160.9%，占整个杠杆率的 58.9%，非常高。在这方面，不管是德国的"隐形冠军"，还是日本的长寿企业，因为经营历史都比较长，曾经历过多次的经济周期，所以非常强调可持续经营，企业内部有大量的现金储备，随时应对不测。

第三，从活下来，到做大，到做强，到做久、做标准、做局。中国绝大多数中小企业还处在第二个（做大）阶段。做大规模当然可以提高抗风险能力，但是做强和做久是更值得追求的战略目标。企业应在战略的指引下建立相应的管理体系，包括市场机会选择、产业布局、组织结构、人力资源、接班人计划、危机应对的体系等。德国"隐形冠军"企业的基本经营理念就是可持续发展和长期主义。日本学者后藤俊夫的《工匠精神：日本家族企业的长寿基因》事实上就是一本关于经营危机的应对手册，里面有很多精彩的论述，中国企业可以借鉴。

5. 您的书中提到了长寿企业的概念，"中国企业中，初创企业的平均寿命不超过 3 年，美国大概是 7 年，日本则超过 12 年。浮躁的心态，缺乏工匠精神和聚焦主业的战略，是中国企业短命的重要原因"。您能否从对国内企业的观察、研究出发，深入谈谈做长寿企业的具体抓手？

赵向阳：关于这个数据，我想澄清一下。首先，这种横向比较，我觉得存在方法论上的谬误。因为这是建立在不同的发展阶段基础上的，存在把苹果和梨进行比较的谬误。在过去的三四十年里，中国发展得很快，所以泡沫也很多。从组织生态学的角度看，在某一时刻，当市场机会涌现时，企业的出生率也会很高，"变异"数量众多，然后经过残酷的市场选择，弱小的、不适合市场的企业会被淘汰，所以企业生存率很低，这是自然而然的事情。当经济进入一个相对成熟和稳定的发展阶段之后，中国初创企业的出生率就会下降，平均寿命会逐步提高。你比较一下中、美、德、日的企业数量就可以明白这一点，中国有中小企业 4 200 万家左右，美国有 2 500 万家左右，德国有 400 万家左右，日本有 600 万家左右。

做长寿企业的重要抓手就是坚定地走"专精特新"之路。多元化和做平台型企业是绝大多数企业无法驾驭的高难度动作，而盲目扩张的结果最后一定是死路一条。做长寿企业最重要的是坚持长期主义导向、聚焦主业、内部融资、财务稳健等。长寿企业大多是家族企业，企业是有主人的，至少企业的管理者是有主人翁意识的，企业的生命和家族的生命紧密地捆绑在一起。为此，企业家应该尽可能多生几个孩子，处理好二代接班的问题等。

日本长寿企业和德国"隐形冠军"还很不一样。日本的很多长寿企业，都是在传统行业里的，服务于本地生活，比如旅馆、酿造业、餐饮、手工艺等，也就是所谓的老店老铺，什么"寿司之神""拉面大王"等，一般来说企业规模非常有限，大家对其完全不必过于崇拜。

德国也有传统行业里的"隐形冠军"，比如某一家做管风琴的公司，在几十年的时间里，公司规模没有任何变化，因为教堂或者艺术学院就那么多，公司无法通过营销卖出更多的管风琴。但是，德国的绝大部分"隐形冠军"是嵌入现代产业链中的、为龙头企业做配套的中小企业，它们主要从事B2B业务，在相对狭小的市场上采取聚焦战略，追求产品的深度和高品质，采用"一米宽，一公里深"的战略，在持续创新的基础上，横向拓展国际市场。赫尔曼·西蒙教授研究发现，德国"隐形冠军"的国际市场的规模至少是德国国内市场规模的11倍。

6. 您在书中提到两种金融形态：以英美为代表的市场导向型金融，比如风投、股市，以及以德日为代表的银行导向型金融，比如信贷银行，认为前者有助于颠覆式创新，后者有助于持续性创新。北京证券交易所正在来临，定位是全面服务"专精特新"中小企业，您认为北交所可能对中小企业有怎样的助力？

赵向阳：这是一个很好的问题，也是我正在密切关注的一个问题。我最初的文章里面还提出了自己的一个困惑："同一个国家，能否同时建立一个双高型的金融体系，即银行和股市都很繁荣，让我们拭目以待。"

目前的德国，的确是以银行为导向的金融体系，比较稳健，相对保守，少有并购和风险投资等，属于大实体小金融。但是，德国历史上并不是一直这样的。我最近读了一本书《金融的谜题：德国金融体系比较研究》（张晓朴、朱鸿鸣著，中信出版社出版），两位作者把德国金融体系的发展分为五个阶段，其中1871年德国统一之后到1915年第一次世界大战爆发之前，这段时间是一个金融大发展的时代，德国的证券市场和银行体系都很发达，当时在德国证券市场上市的公司有300多家，与同时代的美国纽约证券交易所的上市公司在数量上差不多。不过，后来因为两次世界大战和两次严重的通货膨胀，德国的股票市场衰落了，德国企业的经营理念也发生了重大调整。

1997—2005年间，德国还尝试过一个类似美国纳斯达克的新市场（neuer market），以支持德国的高科技企业，尤其是互联网公司的发展。它先后出台了一系列文件措施，但新市场最后还是失败了。其背后的原因很复杂，有人说是因为德国的大陆法系，有人说是因为银行机构排挤股票市场，有人说是德国的工业化模式问题。《金融的谜题：德国金融体系比较研究》一书认为，因为在第三次工业革命中，德国的新兴产业没有发展起来，也就没有足够多的创新型中小企业，所以与之配套的金融体系没有转型成功。我觉得这个观点是很有见地的。实体经济和金融之间的关系很复杂，能否建成有利于实体经济发展的金融市场，是一项极具挑战性的工作。

关于北交所，我认为前途是光明的，道路是曲折的。这对于创新型中小企业是一大利好：春天来了，一定会促进对创新型中小企业的投融资，尤其是工业和信息化部认定的专精特新"小巨人"企业。但是，我非常担心的是三点：

第一，北交所变成了资本市场的盛宴、"割韭菜"的良机。你们看看科创板，推出两年来，股价跟"过山车"一样，有多少真正从科创板赚钱的股民和基民？如果根据科创板ETF指数基金来看，从 1 000 点到 1 760 点附近，现在又回到了 1 360 点左右（2022 年 4 月，一度跌到了 970 点附近），至少我自己是亏钱的。

第二，资本市场的短期导向与"专精特新"所要求的长期主义会产生冲突，从而影响企业的发展。而且选拔出来的"专精特新"企业能否真的解决"卡脖子"、补链补短板的问题，也值得观察。另外，研究德国的"隐形冠军"时，千万不要忽视"隐形"的重要性。隐形有助于降低竞争强度，闷声发大财。隐形就是甘于寂寞、长期坚守、精益求精、工匠精神。

第三，很多时候，如果企业不缺钱的话，上市并不是一件好事。上市是有很高的代价的，包括上市的成本、信息披露的成本以及其他很难控制的成本。很多年前，任正非说："不上市，华为有可能称霸天下。"为什么？你不用为那么多你根本不知道他是谁的股东（股民）负责，你可以对 4G、5G、6G 等进行超前的长期投资，而不用考虑短期回报和股价波动。特别是遇到美国对华为制裁打压这种事情，如果换成一家公众公司，华为的股价一定会剧烈波动，对华为的经营影响一定会很大。

7. 有个观点：大量经验和研究证明，不到 5% 的人具备创业者的潜质和能力。如果我们的发展模式逐渐"与德日同行"，您认为创业的模式会有怎样的变化？未来什么样的人适合创业？

赵向阳：在任何社会里，愿意创业、能创业而且创业成功的都是极少数人，也就是 5% 左右吧。因为作为一个创业者，你需要承担风险，忍受不确定性，要有创新精神，自我驱动，成就动机很高，决策能力很强，重要的是你要带领团队打胜仗。创业研究专家斯科特·谢恩（Scott Shane）在 2005 年获得"瑞典中小企业研究奖"时，获奖感言的标题就是"鼓励更多的人去创业，是一个坏的公共政策"（Encouraging more entrepreneurship is bad policy）。过去七八年里，我们大力推行"双创"，但结果一定理想吗？不过，政府这次大力推动"专精特新"，尤其是在对某些行业和某些平台公司治理整顿的背景下推动"专精特新"和北交所，我非常看好，我觉得中国经济结构的深层问题快要理顺了。但我也非常担心前面所说的几点问题。

在新时代下，创业模式一定是从数量转向质量。高质量的创业（技术驱动、创新驱动、高成长型、高期望型的创业等）能解决更多人的就业问题，创造出更大的经济价值和社会价值，推动中国进入高质量发展。我为之鼓与呼。

在这种新的情况下，什么样的人更适合创业呢？不是那些初出茅庐、纸上谈兵的大学生或者创业素人，一定是在某个行业里面精耕细作了七八年以后，能结合新技术、下一代互联网、智能制造、大数据等，走"专精特新"道路的行业专家。创业黑马的创始人牛文文先生多年前所提出的骆驼企业、重度垂直、产业互联网等概念是对的。但需要注意的是，如果借"专精特新"和北交所的推出，掀起了一场造富神话和旋风，我觉得还是要有所节制、适可而止。

随着共同富裕和第三次分配的提出，社会创业、公益创业、公益创投、ESG（环境、社会和治理）和可持续发展等会有一些机会。我希望有爱心、有理想、有创新和行动能力、有公益产品和融资能力的社会企业家群体能有大的发展。

在我看来，理想的社会应该是三个部门的高效结合：有为（但有限的）的政府＋高效（资本不能无序扩张）的市场＋多元化（而且是去政治化）的非营利组织。目前，第一部门的政府之手过于强大，甚至存在乱管乱摸现象；第二部门在某些领域也太强大了，野蛮生长，而中小企业量大面广但是不够强干；第三部门发展则太弱了。总之，目前这不是一种平衡的社会结构，需要进一步加大改革开放的步伐。

8. 在您看来，德日两国有相对和谐的劳资关系，关键在于劳资共治。当下，很多企业遇到了年轻人不进厂，90后、00后不好管，员工摸鱼、抗拒加班等问题。您认为这些问题表明了什么症结？您对企业的劳资关系有何建言？

赵向阳：劳资共治的核心是重视利益相关者，而非股东利益至上。政治学或者经济学上讲共同富裕，而共同富裕翻译成管理学术语就是重视利益相关者管理，就是在效率和公平之间找到一个更加动态合理的平衡点。

1970年开始的新自由主义经济学对美国当下的问题负有不可推卸的责任。新自由主义经济学既包括以芝加哥经济学派为代表、弗里德曼等提倡的股东利益至上学说，也包括以詹森等为代表的哈佛商学院管理学派，他们鼓吹有效市场假说和代理理论等。今天美国的产业空心化、贫富悬殊、民粹主义兴起、国内撕裂、美国地位的相对衰落等，在很大程度上与新自由主义经济学有关。当然，这种理论观点提出时，也有其时代背景，那就是20世纪70年代通胀压力很大。在西方的某些资本主义国家，比如英国、奥地利等，国企的比例比较高，而且经营效率低下。新自由主义经济学在当时可能是有效的对治策略，但同一种思想、主义和政策实行得太久了，不与时俱进，其弊端和反面效果就会出现。"过犹不及"嘛。

你问90后、00后不好管、上班摸鱼、抗拒加班的症结在哪里？

第一，我们关于企业经营的目的存在严重问题。如果老板把做企业仅仅当作为个人或股东赚钱，员工都是达成赚钱的手段而已，尽量剥削和榨取剩余价值，那么员工当然会尽可能摸鱼、拒绝加班、不好管理。但是，如果你把企业当作一个利益共同体，有更加合理的价值创造、价值获取和价值分配的机制，这种情况一定会减少。

第二，外部大环境不好。主要是房价高企、教育和医疗成本等太高了，所以大家人心惶惶，很少有人愿意在一个企业扎根、在一个工作岗位上精益求精，都想着快速跳到一个更大公司、更大平台上去，工资再涨上百分之三五十。国家也知道这一点，所以正在想办法降低各方面压力，让大家少点焦虑、安居乐业甚至敢于生孩子。但这是一项大的社会系统工程，短期内很难改变。

第三，你所说的 90 后和 00 后不好管的问题，我觉得不一定是真实情况。首先，年轻人现在的就业压力非常大。在显性或者隐性的高失业率下，绝大多数人如果能得到一份工作一定会想尽办法保住它、做好它。其次，即使你说的情况是真的，我们也要从大的社会转型的背景上来理解。根据世界价值观调查（World Value Survey）持续多年的研究，随着经济的发展，社会文化价值观一定会发生变迁，从看重世俗、经济利益和安全的传统价值观，转向更加强调个体主义、追求自我表达的价值观。你所说的"不好管"事实上有两面性。如果你需要的只是一双干活的手，你当然希望听话的员工；但如果你需要的不仅仅是一双手，还包括一个创新的大脑，你就得容忍这种独立精神和自由叛逆等。老板需要了解，时代变了，人们的价值观和追求变了，不能完全按照自己的价值观来要求年轻一代，更不要动不动感叹"一代不如一代"，这是不对的。

9. 德日两国一向被认为是有着长期雇佣导向的人力资源管理风格，而反观我们的就业领域，特别是互联网领域，35岁危机给很多职场人带来了严重焦虑，甚至被视为影响生育率的一个因素。您认为出现这种雇佣倾向的原因是什么？未来会有什么走向？

赵向阳：这是一个大问题、一个严重的问题，这是中国职场最大的毒瘤之一，我不知道为什么国家不出台法律对此进行限制，或者《劳动法》里已经有了相关规定，但没有强有力的落实。

造成这种现象，外部原因至少包括以下几点：

第一，残酷的竞争压力。特别是在资本驱动下，希望企业高速成长，尽可能地榨取员工最大剩余价值。

第二，部分行业，例如互联网和ICT行业（即信息与通信技术行业），技术更新速度太快，人们的学习速度跟不上技术迭代的速度，所以才出现35岁或者45岁的年龄歧视问题。

第三，中国企业在前三四十年里一直处于高速成长阶段，而中国劳动力相对过剩，现在每年毕业的大学生八九百万，就业压力太大，有太多的待就业的劳动力可供选择。

至于内部原因，主要就是企业没有从利益相关者的角度，构建长期经营的理念，没有营造一个利益共同体。

每个人都会变老，如果说性别歧视是选择性的，地域歧视是选择性的，残疾人歧视是选择性的，那么年龄歧视就是普遍性的。我们绝大多数人迟早都要面对这种歧视。在一家大公司里，只有很少一部人能升到公司中高层，成为合伙人；只有少数人，人到中年之后还能变成斜杠青年，从事多种职业或者进行职业转型。

这个问题的解决办法：第一，要靠法律，《劳动法》必须对此有所表态，或者强制执行。第二，国家应该做好失业保障的安全垫,这也是给企业减负,在不得不减员的情况下,能让企业"甩掉包袱",轻装上阵,更具竞争力。第三,媒体不要过度贩卖焦虑,要鼓励社会大众在心态上要平和一些。第四,企业必须转变经营理念。在用工方式上,可以更灵活一些,年龄大的员工如果能力跟不上技术的要求,只要工作态度好,责任心强,完全可以转岗到公司的其他部门,进行横向流动。要把员工当作财富,重视企业内部知识的传承和积累。第五,企业和员工都要保持开放的心态,持续学习,终身学习。

10. 您在书中说,"每一个国家的成功经验,都是一个相互耦合和交织在一起的体系,它们相互作用,有系统内的自洽性"。同时,您也认同袁宝华先生所提出的"以我为主,博采众长,融合提炼,自成一家"的学习方式。的确,我们应该学习其他国家、其他企业的成功经验,但世上的经验纷繁而复杂,企业家该如何拣选经验,进而耦合、融汇,从而形成自己的经营管理体系呢?

赵向阳:首先,借用佛家或者儒家的观念来说,根本上就是反求诸己,向内求。向外学习,都是借鉴。要借鉴深层逻辑,而不是浅层逻辑。一个企业或者一个国家,进行标杆学习时,最重要的是深刻理解自己的国情、行业特性以及企业本身的优势和劣势等,明白自己是谁?想去哪儿?想成为一个什么样的国家、企业或者个人?在这个基础上,吸收借鉴,融会贯通,自成一体。管理学中的企业吸收能力理论(absorptive capacity theory)对这个问题有一定的启发借鉴作用。

其次,如果你无法做到"以我为主,博采众长,融合提炼,自成一家",我建议最好是系统性地采用一种主义、一种思想,一以贯之。比如，德鲁克也行，稻盛和夫也行，"隐形冠军"的理论也行，阳明心学也行。千万别东一枪、西一枪，最后搞成了一个大拼盘。因为任何一个成熟的管理体系，其内部都少一些矛盾性，多一些自洽性。最好的办法是找到与自己的价值观或者组织文化相契合的管理体系，采用"先僵化，再固化，最后再优化"的学习策略，这也就是华为向以 IBM 为代表的美国领先企业学习的经验之谈。总之，我建议轻易别自创武功，不要在黑暗中摸索，那样失败率太高了。

三、商业价值观

11. 您认为缩小贫富差距，建立一个平衡的社会，是德日两国经济发展的成功经验之一，而中国社会曾经是一个"赢者通吃"的天下。中央再次强调共同富裕，在您看来，这是否会成为发展模式转型的强大推力呢？

赵向阳：共同富裕能否成为高质量发展模式强大的推力？至少我希望如此。但是，如何实现？这依赖于效率和公平的平衡点到底定在哪里。关键在于在这个平衡点附近，企业家精神能否得到彰显，资本的利益能否得到保障，员工的收入和福利能否让大家充满干劲和安全感，同时没有太多搭便车的，没有某些福利资本主义国家的弊端。这是很难的，需要在实践中一点点摸索。

不管是企业管理，还是社会管理，都充满了相互掣肘的矛盾，管理就是悖论整合，在悖论中曲折前进。方向盘有时候向右多打一些，有时候向左多打一些，但长期来看，是在一条中间道路上行进。面多了加水，水多了加面，最后和的面要达到恰到好处、富有弹性。所以，不管是中国的政策文件，还是华为的管理之道，都强调"既要，也要；既不要，也不要"，不可顾此失彼，过于偏颇。

从一个更功利的角度分析这个问题：如果一个社会里，10%的人拥有50%甚至60%以上的财富，仅靠他们的消费是无法带动经济发展的，因为他们的消费相对于所拥有的财富来说少得可怜。贫富分化的社会一定是消费不旺的社会、消费无法升级的社会，无法带动经济高质量发展，特别是"专精特新"企业的发展，因为"专精特新"企业所生产的高品质产品需要有强大支付能力的消费者群体。所以，在这一点上，"专精特新"企业的发展与共同富裕也是有关系的。

中国现在有4亿中产阶级，如果2035年有7亿～8亿中产阶级，中国人均GDP将超过2万美元大关，中国一定是世界上最大的消费市场。有这么大的消费市场，中国企业才能有更多的钱可以赚，其他国家才更加依赖中国、更加无法离开中国，到那时，中美之间的竞争就能达到一种更加稳定的平衡状态。所以，国家提出建设几个世界级的消费中心，包括北京、上海、深圳等城市，还有建设高质量的海南自贸区，这都是吸引外资的重要手段之一。

12. 有个观点：在日本，算盘和《论语》是结合在一起的，道德和经济可以合一，义利可以合一。但在互联网上也会有不同的声音，认为日本公司的道德观很多时候流于形式，乃至有"躬匠精神"的调侃。您认为哪种观点更贴近现实，出现这两种不同观点的原因是什么，以及您对新时代中国商业的义利观有何期待？

赵向阳：我第一次听说"躬匠精神"，我不了解这是否是真的。从文化的角度来讲，有价值观和习俗。文化价值观就是一个社会崇尚的、理想化的价值观，它强调什么是对的，什么是错的；而文化习俗就是日用而不知的习惯，就是"认认真真地走过场"的习惯（例如，中国式开会、日本式跪式服务等），这种规范性的习惯本身就是一种来自外界的强大的塑造力量。虽然文化价值观和文化习俗之间存在差异，但在你不得不鞠躬、习惯了鞠躬行为的时候，它多多少少就会内化到你的价值观里。

从整体上来说，德日都是重视诚实守信的商业伦理的国家，属于高信任度的社会。没有高水平的商业伦理和强有力的法律制度的约束，难以发展繁荣的市场经济，有的只是坑蒙拐骗、以次充好、弄虚作假、短期导向等。亚当·斯密在《国富论》中提出"看不见的手"之前，写了《道德情操论》，而且把《道德情操论》当作《国富论》的伦理基础。日本人在明治维新之后，一手《论语》、一手算盘，义利合一，所以才迎来了工商业的繁荣。而马克斯·韦伯撰写《新教伦理与资本主义精神》，探讨自16世纪以来，宗教改革和新教伦理如何为资本主义工商业的发动机添油加火。

至于你问我对新时代中国商业义利观的期待，有以下几点：

第一，企业经营从单纯的赚钱谋利和股东利益至上，转向以利益相关者为导向。利益相关者理论以前在管理学中只是一种边缘性的理论，现在应该成为管理学的中心性、基础性理论。

第二，企业承担法律责任、经济责任是底线，是必须的。在做好这些工作的基础上，同时也要想可以主动承担哪些非强制性的、自愿的社会责任，包括环保、低碳、碳中和、乡村振兴、帮助弱势群体等。当然，企业应该首先善待自己的内部利益相关者，也就是员工，不要有35岁或者45岁年龄歧视。

第三，企业社会责任或者现在流行的ESG最好是建立在企业核心能力的延长线上。我一直认为，能用商业的方法解决的问题，最好就用商业的方法解决；不能用商业的方法解决的问题，那就用公益的方法来解决，这方面我曾经有亲身的创业实践经历。

虽然腾讯在网络游戏等方面被人诟病，但它仍然是一家政治智慧很高的公司。2021年4月和8月，腾讯先后推出了两个500亿元的可持续社会价值专项计划和共同富裕专项计划，它们的很多项目都覆盖了利益相关者理论所关注的问题。

我们应该建立一个美好的商业社会，而美好的商业社会是建立在拥有一大批美好企业的基础上的。美好良善的企业在经营上有底线、不作恶，在更大的范围内创造多层次的价值，而不是在转移价值或者毁灭价值。

13. 您认为中国管理学界"需要从实证主义、科学主义、所谓'价值中立'的研究范式，转向强调国家文化和制度特点，以诠释学和批判理论为导向的研究。唯有如此，才能复活'士'在道德良知上的角色功能"。的确，旧中国的政经秩序、文化体系内是有"士"的传统，但这种道德良知的角色，在您看来，是"士"的自我标榜呢，还是社会赋予"士"的呢？当下的"有志之士"，该如何建构本群体承担道德标勋角色的大环境呢？在这个问题上，您自己又是如何践行的呢？

赵向阳：这个问题问得很专业。看来你对我的书有深入灵魂的阅读和思考，非常感谢！

第一，在我看来，"士"既是自我标榜的，也是社会赋予的，两者是互为建构的。社会领域有非常典型的"自我证验预言"或者"自我挫败预言"。我们的观念和预期对社会行动的影响很大。

第二，儒家有两套道德系统：一套是针对君子的，也就是

"士";一套是针对小人的,就是平民百姓、没有受过教育的人。对君子的道德要求更高一些,"修身齐家治国平天下"。而且传统的士农工商中的"士"所受的教育文化程度是最高的。

第一,商人(企业家)从士农工商的末端走到了聚光灯下,成为既有钱又有丰富的实践经验、眼界开阔的人群。企业家阶层已经成为中国最有见识的群体之一,很多人有领先的商业思想。美国国际管理学会原主席陈明哲教授特别寄希望于企业家成为新时代的"商业士"。但是,他们不一定有很高的思想境界,思想的系统性太差,有的人辨识能力太差,容易跟风动摇。

第二,现在大学里的学者,很难被称为真正意义上的知识分子。因为学科分类,很多人只是某个狭窄领域的专家,缺乏通识和通才。另外,在现行的学术考核制度下,学者普遍性地缺乏独立自由的精神,不要指望他们为民立命。有的人深受美国新自由主义的影响,他们要么很容易右,甚至为右而右;也有少数人比较"左",甚至伪装成左派。很少有人能秉持中道,能基于深入广博的阅读、客观的研究、理性的思考,不偏不倚,在大多数时候既与政府和企业同向而行,又保持一定的距离,保持清醒的反思,甚至一定的批判意识。

至于你所说的管理学研究范式问题,这个问题比较专业。简单地说,就是主流研究在过去半个世纪里走入了实证主义导向的、琐碎的经验研究中,对管理的理解是支离破碎的,缺乏重大的理论突破,更少有基于强大的想象力、道德勇气和远见的批判性研究,导致管理学研究几乎失去了对管理实践的指导能力。如果中国的管理学界不摆脱这种研究范式和学科评价体系,它们对中国管理实践的总结和未来实践的指导作用微乎其微。可以说,有它不多,没它不少。

为什么很多读者很喜欢读我的《大变局下的中国管理》？因为它说的是人话，生动活泼，有趣，充满现场感，有批判意识，不媚俗，不跟风，有自己的立场和观点。我希望中国的管理学界能有更多人，把企业家和管理者当作他们写作的对象，写出更多有影响力的文章和畅销书来，而不是仅仅写一些管理学者圈子内才会阅读、偶尔引用的论文。

中国人民大学出版社的副总编于波女士看完《大变局下的中国管理》之后，曾评价说："赵老师是有思想、有态度的。在今天，这种学者品质难能可贵。"事实上，"有思想"在当下的社会里是被允许的，甚至是被鼓励的。但是，"有态度"则不然，因为"有态度"体现了一种深层次的价值观，是关于什么是对的、什么是错的判断和抉择。说一个人"有态度"，是需要经历考验的——尤其是在面对看似坚如磐石的现实时，长期坚持自己的信念，做到知行合一——而这往往需要付出惨痛的代价才能换来。

目录 · CONTENTS

1 解读工业和信息化部"专精特新"《实事清单》背后的机遇和问题 / 1
2 如何搞好"专精特新"？给政府部门的几点建议 / 17
3 中国"专精特新"离德国的"隐形冠军"有多远？ / 28
4 普通中小企业如何走上"专精特新"之路？ / 47
5 讯达的专精特新"小巨人"成长之路 / 64
6 "专精特新"之后的路，该如何走？ / 105
7 龙头企业如何带动"专精特新"企业共同成长？ / 122
8 围绕中小企业特色产业集群，建设1 000家工程技术创新中心 / 135
9 如何快速解决100多万硕士生和博士生的就业问题？ / 148
10 以数字化公共服务平台促进"专精特新"企业数字化转型 / 157

11 数字经济"专精特新"企业培育新探索：基于成都的实践 / 168

12 "专精特新"企业是共同富裕和乡村振兴的主力军和重要基础 / 179

13 如何帮助"专精特新"企业持续创新？ / 193

14 就"专精特新"企业的培育和发展接受央视采访 / 201

1

解读工业和信息化部"专精特新"《实事清单》背后的机遇和问题

"专精特新"与北交所

所谓"专精特新",是指鼓励中小企业走"专业化、精细化、特色化和创新型"的道路。"专精特新"这个概念由来已久,差不多有20年的时间了,但是,大约10年前开始进入国家的政策文件里,当时叫"专精特新优"。关于"专精特新"的相关政策,在过去的三四年里,一直在紧锣密鼓地出台。而工业和信息化部评选专精特新"小巨人"和"单项冠军"的活动,也一直在加速。但是,很少有非专业人士关注到。

自从2021年9月2日,国家领导人宣布推出北京证券交易所(简称北交所)以后,"专精特新"这个概念瞬间爆红。我也曾在朋友圈里,第一时间将"专精特新"与北交所联系了起来。准确地说,北交所的定位是服务于创新型中小企业,而"专精特新"是创新型中小企业中的尖子,"小巨人"和"单项冠军"又是尖子中的尖子。

2021年11月15日，北交所隆重开市。首批上市的81家企业中，大约55%的企业都属于"专精特新"企业，而其中16家属于专精特新"小巨人"企业。在未来，只要你是专精特新"小巨人"，如果你想从"新三板"转板到北交所，大概率一路绿灯。国家还制定了相关政策，对有上市意愿的专精特新"小巨人"专门辅导，优化上市流程。

"专精特新"的含义和含金量

在我看来，"专精特新"有多层含义：

第一，"专精特新"是中小企业发展的必由之路，是中国政府大力鼓励和支持的新国策。

第二，"专精特新"符合迈克尔·波特竞争战略中的两项战略，也就是聚焦（专精）和差异化（特新），而且是两者的高度结合。在互联网上半场，许多中国企业都梦想做平台，成为像阿里巴巴或者腾讯那样的公司，至少成为某个细分领域的重度垂直专业平台（例如，化工领域或者供应链金融领域）。所以，前几年，每当讨论到创业企业的商业模式时，人人言必称平台，否则显得不够上档次，融不到大钱。事实上，对于99.99%的企业来说，做平台或者多元化，都是高难度的危险动作，需要大量的资源投入，而且要在一个合适的时间点上，否则就是陷入一条导向死亡的歧途，而"专精特新"才是一条高成功率的人间正道。

对于那些从事企业服务的机构来说（例如律师事务所、会计师事务所，以及从事工业设计、知识产权服务、创业培训和咨询、金融服务等业务的机构），服务"专精特新"企业也是一条很长的赛道，可以干二三十年。这样的专业服务类机构，同样有机会在北交所上市。总之，以"专精特新"为代表的创新型中小企业的春天真的来了！

第三，"专精特新"是一个宏大的梯度培育体系。它是在国务院中小企业促进发展领导小组亲自指挥下，由工业和信息化部负责建设的"百十万千工程"。它包括四个层次的企业：在 2025 年之前，培育 100 万家创新型中小企业、10 万家"专精特新"企业、1 万家专精特新"小巨人"和 1 000 家"单项冠军"（见图 1）。可以畅想一下，2025 年前后，中国量大面广、铺天盖地的中小企业将被重组成一个巨大的金字塔。从上到下分别是：领航企业或者"大冠军"、"单项冠军"（有独门绝技的、全球市场名列前三的）、专精特新"小巨人"、省级"专精特新"企业、创新型中小企业、普通的路人甲型中小企业。

金字塔从上到下：
- "大冠军" 100家
- "单项冠军" 1 000家
- 专精特新"小巨人" 10 000家
- 一般性的"专精特新"企业10万家
- 创新型中小企业100万家
- 路人甲型企业4 600万家

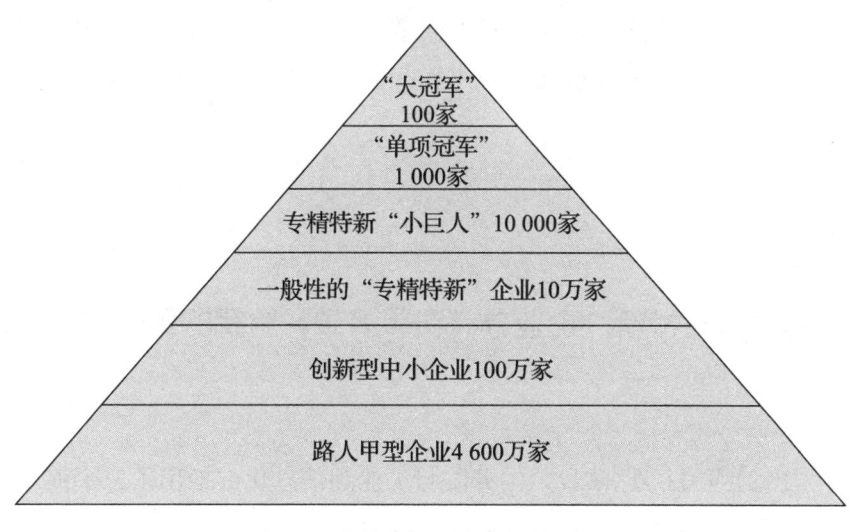

图 1 "专精特新"的梯度培育体系

所谓的"大冠军",中国政府从来没有使用过这个概念,它来自赫尔曼·西蒙的《隐形冠军》一书,指的是那些曾经是"隐形冠军",但现在的年销售额超过 30 亿欧元甚至 50 亿欧元,已经非常知名的企业,例如 SAP 等。在中国,最典型的"大冠军"就是做汽车玻璃生意的福耀玻璃和光电之星舜宇光学。2013 年以前,华为在进入消费电子领域之前,不为普通消费者所熟知,在电信设备领域就是典型的"大冠军"。但是,华为现在已经是一个生态系统,是中国的领航企业。

有了这样一种金字塔式的组织形式,在促进中小企业发展时,就可以分层施策。而工业和信息化部抓的就是其中的牛鼻子——"专精特新"四类企业,从而达到纲举目张、以一带十的效果。按照中国产业政策的一贯特点和中国社会赢者通吃的特点,越到塔尖,企业得到优惠和扶持的力度就越大。所以,这里面有巨大的机遇和利益。说一句残酷的话:越晚明白过来、越晚行动的企业,越难挤入这个金字塔的上层。对于稍微有点雄心壮志的企业来说,好歹也要跻身百万级的创新型中小企业队伍中,否则,将来会活得很艰难。

为"专精特新"企业办《实事清单》给我的第一印象

2021 年 11 月 23 日,国务院与工业和信息化部推出了三个促进中小企业发展的文件。这三个文件分别是:

(1)《国务院办公厅关于进一步加大对中小企业纾困帮扶力度

的通知》（国办发〔2021〕45号，简称《纾困帮扶通知》）。

（2）《关于印发提升中小企业竞争力若干措施的通知》（工信部企业〔2021〕169号，简称《若干措施》）。

（3）《关于印发为"专精特新"中小企业办实事清单的通知》（工信部企业〔2021〕170号，简称《实事清单》）。

这些政策文件含金量极高，做企业的朋友一定要仔细研读，充分用好政策红利，抓住国家和时代赋予的机遇。

首先，这次发布的三个政策文件是一套组合拳。《纾困帮扶通知》是面向全体中小企业的，由国务院办公厅发布。而《若干措施》和《实事清单》是由工业和信息化部制定发布。1+2，虚实结合，点面结合，长短结合，层次分明，精准施策。

其次，针对"专精特新"企业的《实事清单》具体列出10项实事、31条具体任务，其文风不同于以往的绝大多数文件。以问题为导向，直指难点、堵点和痛点。每一项实事和具体任务都有非常明确的指标数字和时间期限（为期一年），任务明确落实到具体单位。这充分发挥了上下联动、部门协同的工作机制作用。

《实事清单》的10项实事、31条具体任务可以概括为：少取、多予、服务、培优、赋能、提升。10项实事包括：加大财税支持力度，完善信贷支持政策，畅通市场化融资渠道，推动产业链协同创新，提升企业创新能力，推动数字化转型，加强人才智力支持，助力企业开拓市场，提供精准对接服务，开展万人助企活动。其行文非常工整，其背后逻辑完全对应着《中华人民共和国中小企业促进法》。

简单地重复31条具体措施，意义不大，特别是这些政策的配套细则还在紧锣密鼓地制定中，我们还需要时间观察政策落地的效果。毕竟每个省市的情况不同、企业不同、资源不同，很多政策需要因地制宜，不能"一刀切"。而且，地方政府之间的锦标赛，一定会催生出更多鲜活的、适应当地情况的最佳实践，也会进一步加剧关于"专精特新"招商引资的大战。

我个人很少见到这么具体明确、细致扎实的中央文件，看完之后在想一个问题："美国、德国、日本等政府看了这个《实事清单》之后，会有什么感觉？"我估计他们的感觉是："我的天呀，这个游戏还怎么玩呢？！"

1776年，亚当·斯密在《国富论》中提出了一个著名的比喻"看不见的手"，强调英国资本主义发展过程中自由市场经济中自下而上的自发的力量。作为后发国家的德国、日本和苏联，在1870—1980年间的100多年的追赶过程中，强化了政府和产业政策的作用，也就是"看得见的手"。相比之下，全世界没有哪一个国家的政府像中国政府这么高效有为，没有哪一个政府能有这么强大的社会动员能力，也没有哪一个政府汇聚了如此众多的精英人才。同时，它又充分发挥企业家精神和市场机制作用，以及抓住了中国14亿人民对创业创富的热情和饥饿感。

从这个《实事清单》的字里行间，我们可以看出政策发布之前，工业和信息化部进行了大量的调查，组织了众多专家和多部门齐心合力分析中小企业面临的问题，殚精竭虑，深入研讨对策。在这个政策文件的字里行间里，我能深切地感受到政府对中小企业所面临的诸多问题的清醒判断，以及建立工业强国的决心和"全心全意为人民服务"的精神。

读这样的政策文件，我甚至读出一种热泪盈眶的感觉来。我甚至认为，从某个角度来看，我们就是以中国的"专精特新"《实事清单》来对抗美国的"实体清单"，全力以赴解决"卡脖子"和

"工业强基"问题。我相信,十年以后,中国凭借其实体经济,尤其是制造业,一定会走在创新型国家的行列中!

关于"专精特新"的十点冷思考

有人说"专精特新"就相当于德国的"隐形冠军"。事实上,这是错误的。中国的专精特新"小巨人"企业,从综合实力上看,离德国的"隐形冠军"至少还差一个"欧亚大陆"。只有"单项冠军"才约等于赫尔曼·西蒙教授所说的"隐形冠军"。

根据赫尔曼·西蒙的研究,全球够得上"隐形冠军"的企业大概有2 700家,其中德国有1 300家左右,美国大约360家,日本大约220家。中国致力于在2025年之前培育出1 000家"单项冠军",这已经是非常雄心勃勃的目标了,相当于在原来的世界体系中,要替换掉其中1/3的"隐形冠军"。可以想象一下,届时所带来的冲击波会有多强。

受某国家单位的邀请,我从2021年8月初开始持续关注和研究"专精特新",也曾经在多个公开场合就"专精特新"发表过演讲(如在北京、青岛、杭州、桂林、上海等地)。演讲主题包括比较中国的"专精特新"离德国的"隐形冠军"有多远,以及中国的"单项冠军"如何成为全球冠军等。

在我的研究中,我曾列出至少10项差距和5项不同。所谓"差距",是指能力水平上的差距;而所谓"不同",是指形态上的差异。前者有高下之分;后者只代表多样性,其中包括公司战略、产品、创新能力、市场影响力、地域分布、产业集群、金融体系、人才队伍、大中小企业的关系、国际化、社会文化、家族传承、数字化转型等。现在，我就其中的十个问题谈谈自己的看法。

为什么叫"单项冠军"，而不是"隐形冠军"？

"隐形冠军"（hidden champions）是德国管理学家赫尔曼·西蒙于1995年提出的。所谓"隐形冠军"，指的是在某个细分市场领域占据全球前三地位、有非常强大的技术和市场影响力的企业。它们绝大多数是2B的业务，为龙头企业做配套，其产品很难被替代，一般年收入不超过30亿欧元等。这些企业大多不为普通消费者所熟知，但是在自己的细分市场中却有很高的知名度。特别是在德国，很多"隐形冠军"分布在中小城市和农村地区，行事低调，有意识地避开竞争对手的关注，所以称为"隐形冠军"。

而中国的"单项冠军"呢？在许多特征上，我们是拿中国的"单项冠军"与德国的"隐形冠军"进行对标的。按不少中国人行事招摇的风格（当然也有闷声发大财的），很多企业家和企业恨不得"天下谁人不识君"。尤其是有了北交所、科创板的助力和互联网的渲染之后，想"隐形"都难。上市之后，这些"专精特新"和"单项冠军"的曝光度进一步提高。其弊端是有可能引起欧美国家的关注，被列入实体清单的打击对象之列；或者在海外并购时，受到更严格的审查，支付过高的并购溢价。

为什么德国的"隐形冠军"不喜欢上市，而中国的"专精特新"企业挤破头想上市？

德国的"隐形冠军"不喜欢上市主要是出于不同的经营理念，

它们认为可持续经营要比阶段性的大红大紫更重要。至少60%以上的"隐形冠军"企业都是家族企业,家族不愿失去对企业的控制权。而且这些企业的税后纯利润比较高,例如,多年的平均税后利润率超过8%,而大多数财富500强企业的税后利润率可能在4%左右,所以它们主要靠内源性融资、自我滚动式发展。

虽然在历史上,1871—1915年间,也就是德国统一之后到第一次世界大战之前,德国也曾经是一个资本市场和银行体系都非常发达的"双高型"国家,上市公司的数量和美国上市公司的数量相等（350家左右）,但是,当下德国的金融体系是资本市场不发达而银行发达。在德国,不管是全国性的商业银行,还是当地的储蓄银行、信用合作社等,它们在与中小企业长期的合作中很容易获得企业经营的准确信息,从而将信息转化为信任,再将信任转化成信用,能够为企业提供长期低息贷款。特别是在经济不景气的时候,德国银行奉行"雨天不收伞"的原则,所以德国的"隐形冠军"倾向于自我融资和债务融资,而不是选择上市。即使近20年来德国"隐形冠军"上市的比例不断提高,现在也只有25%左右而已。

中国企业则认为,上市可以带来大量廉价资本、较高知名度和市场可见性,有利于营销（的确如此）,而且能规范企业管理（上市的确有助于规范企业管理体系,但不上市同样可以。例如,华为就是全世界管理最规范的非上市企业之一）,所以,有人把上市当作企业的"成人礼",认为上市至少代表一种阶段性成功,同时也可以实现个人财务自由（上市后,创始人和高管团队卖出部分股份套现）。

北交所（或者上市）会不会把"专精特新"带偏?

如果"专精特新"企业上市之后,选择多元化发展,或者盲目快速扩张，无法坚持十年磨一剑的长期主义，上市就意味着一场灾难。这不仅仅是因为创始人和高管团队容易忘记初心，更可能是来自外界的压力和诱惑。例如，需要发布每季度的财务报表、资本之手的鼓动、地方政府希望上市公司承担更多的社会责任、参与一些不良资产的重组等。所以，对于"专精特新"企业，上市之后才是面临真正的大考。

中国的专精特新"小巨人"离德国的"隐形冠军"到底有多远？

以多项指标来衡量，包括产品、创新、市场影响力和国际化的程度等，中国的专精特新"小巨人"企业离德国"隐形冠军"还差得很远。根据工业和信息化部公布的相关数据，专精特新"小巨人"有"5678"的特点：超过五成研发投入在 1 000 万元以上，超过六成属于工业基础领域，超过七成深耕 10 年以上，超过八成居本身细分市场首位。需要特别指出的是，"小巨人"企业的研发强度超过销售额的 7%，而中国规模以上工业企业的平均比重为 1.41%，民营企业 1 000 强的平均比重为 2.57%，所以"小巨人"的研发强度比较高，但也要看到，它们的绝对基数比较小。

而德国的"隐形冠军"呢？研发强度长期保持在 6% 左右，研发资金的中位数在 2 000 万欧元左右，而且在此之前已经持续投入至少 30 年，掌握大量的专利和技术诀窍，布局了"铜墙铁壁"一样的专利防御体系。其产品的技术含量、良率和可靠性远远超过绝大多数专精特新"小巨人"和"单项冠军"，以至于许多龙头企业宁愿花 5 倍的价钱购买进口配件，而不是选择中国企业新开发出的产品。

有人简单地按照市场份额来界定"隐形冠军"，认为市场份额第一就是"隐形冠军"。事实上，这种说法是有问题的。市场领导力是德国"隐形冠军"最看重的，而非简单的市场份额大小，它们在制定行业的创新和技术标准时，拥有重要影响力。在一项调查中，当被问到通过什么确定市场领导地位时，这些德国"隐形冠军"回答：技术领先（85%），质量领先（79%），知名度（74%），产品系列宽度（71%），声誉（70%），销售能力（69%），传统（67%），国家销售代理数量（65%），销售额（55%），专门化（45%）。其中销售额排在倒数第二。

而在第三批专精特新"小巨人"的评选过程中，为了让更多企业入围，获得培育的机会，工业和信息化部删除了"主持或者参与相关行业国际国内标准的制定"的要求，结果可想而知。不过，这一点也反映出我们的政策既在于选拔优质中小企业、更在于培育的初衷。

相比德国的"隐形冠军"，中国的专精特新"小巨人"在国际化方面，仍处于初级阶段

专精特新"小巨人"的评选有非常强的政策导向，主要是为了解决"卡脖子"、补链补短板的问题，而不是增长的问题，更不是国际化的问题。所以，刘鹤副总理在2021年全国"专精特新"中小企业高峰论坛上强调："'专精特新'的灵魂是创新。"

在国际化方面，"专精特新"企业（包括"小巨人"和"单项冠军"）目前主要采用直接出口甚至是间接出口的方式。而在海外直接设厂、进行绿地运营（green field operation，指的是从无到有在海外自建工厂或者公司）或者进行国际并购，只是少数企业的非典型行为。"专精特新"企业在招聘或者培养高水平国际化人才方面，存在很多困难。

而德国的"隐形冠军"是通过两条腿走路的，也就是：持续创新＋全球化。其中，持续创新让它们在产品深度和品质方面远超竞争对手；而全球化让它们有了规模效应，可以赚到更多的利润。西蒙教授估计，相比德国国内市场，德国国际市场的规模至少是其国内市场规模的 11 倍。所以，企业创立不久，大多数德国"隐形冠军"就开始了自己的全球化征程，它们平均在 30 个以上的国家设有自己的子公司或者代表处。

"专精特新"企业在多大程度上应该国际化？尤其是在劳动力成本上升，碳达峰、碳中和（2030/2060）限制条件下，以及在全球产业链再调整的大背景下

以美国为主导的全球化，在过去 40 年里最大的失误就是盲目采用离岸外包的方式，把产业链转移到了海外，造成国内产业空心化。德国和日本则相对成功地保住了自己的高端制造业，通过在国内保留"母体工厂"，实现了相对均衡的发展。

未来，中国部分高耗能、高碳排放的产业必须要转移到海外，比如钢铁、化工等；而绝大多数产业应该首先尽可能在国内进行梯度转移，从东部沿海转移到中西部和东北，特别是围绕着"一带一路"的国内沿线省市。部分劳动力密集型产业，可以考虑在沿边的自贸区设厂，充分利用其他国家年轻的、相对低廉的劳动力（例如，朝鲜、越南、缅甸、哈萨克斯坦、乌兹别克斯坦和蒙古国等）。我们应该尽可能地把产业链和供应链留在国内，尤其是高附加值和高技术部分，坚决不能重蹈美国的覆辙，也不应该盲目照抄德国"隐形冠军"的国际化模式，因为它们国际化的动因之一是国内市

场太小，而中国则有超大规模市场。

德国有弗劳恩霍夫协会，而中国的大学、科研院所忙着发表论文、申请课题，缺乏面向企业的技术转化平台，我们应该如何解决这个问题？

虽然《实事清单》中创造性地提出了科研院所和企业之间"双向揭榜"的活动，虽然政府在推动各地建设一批工程师协同创新中心，为企业搭建高层次人才供给通道，在国家人才计划中对专精特新"小巨人"企业予以倾斜，但是，我们需要在科研体制改革方面有更加重大的调整才能建设制造强国。其中一项重大举措就是筹建类似德国的弗劳恩霍夫协会和史太白技术转移中心这样的技术转化平台。2019年9月，在一篇题为《大变局下的中国管理：从以英美为师，转向与德日同行》的文章中，我大声呼吁："把中科院和部分高校的老师分流出去，把他们从课题和论文中解放出来，组成一个面向应用的技术开发平台。而剩下的人，我们用最优渥的薪酬待遇养着，给他们充分的自由，不要那么多考核，让他们心无旁骛地朝着诺贝尔奖的高峰去攀登。"这呼吁，在今天仍然有效。

如何建立相对和谐的产业链协同关系，促进大中小企业融通创新？

围绕某一个产业链，日本企业建立了 kreitsch（系列），也就是中小企业以龙头企业为圆心，众星捧月一般，专心致志地长期做配套。龙头企业则采用开放式创新，在产品研发设计阶段，就邀请配套企业加入进来了解相关信息。同时，在经营中，尽可能地保持价格和利润的相对稳定，不过分压榨配套企业，更不会抄袭后者，或者收购后雪藏。

类似地，在《实事清单》中，工业和信息化部强调，要面向"专精特新"中小企业组织实施一批工程化应用验证项目，促进优质产品先试首用（也就是首台首套）；结合企业意愿进行分类筛选，制定推荐目录，向大型骨干企业定向推荐不少于1 000家"小巨人"企业、不少于1 500项技术产品；面向重点行业龙头企业征集技术产品问题，组织"专精特新"中小企业等创新创业主体揭榜，以比赛激发创新创业活力，促进产业链大中小企业融通创新等。说实在的，以上这些想法虽然都很好，但一旦涉及市场主体的自身利益，在配套企业的产品不够稳定时，很多龙头企业都未必愿意试用，如此配套企业就永远没有提升的空间。所以，这些政策能否落到实处，就需要产业链上的企业慢慢磨合了。

德国"隐形冠军"的成功，在很大程度上依赖于德国的双元制教育培养出了大量训练有素的技术工人。为何中国的职业教育发展如此艰难？为何德国的双元制教育在中国水土不服？

在我看来，主要原因是中国制造业目前所处的发展阶段（中低端制造，利润很薄），无法为产业工人提供体面的劳动收入；西部劳动力大省和东部沿海用人企业之间在地理空间上的分离，工人背井离乡没有安全感；我们的职业教育质量不高，课程落伍、与实践脱节；职教系统缺乏向上及横向贯通的通道（例如，应用型的硕士学位）；社会观念问题（上大学、学而优则仕等），以及外卖快递等对技术工人的冲击（培训两三天就能上岗，"短平快"获得报酬，而且工作相对不单调）等。

经过国家对教培行业的整顿之后，资本对职业教育的投资兴趣越来越浓，尤其是对那些允许营利的职教机构。事实上，投资职教的好处多多，包括国家政策利好、有文凭、有进入门槛、允许营利、国家补贴等，所以，某些教培行业的大佬，与其去直播带货卖农产品，不如借用自己企业的核心能力和资源，发力职业教育，这才是利国利民利企利己的长久之策。

发展"专精特新"，需要与之匹配的社会文化价值观，而文化价值观的重塑是一个相对漫长的过程

发展"专精特新"需要工匠精神和长期主义，需要"专心、专注、专业、专家"，需要聚焦细分市场，长期坚守，甘于寂寞，拥有不轻易为噪声和诱惑所动摇的文化价值观。而中国崇尚灵活变通的"差不多"文化，当下舆论场的浮躁和撕裂，叠加上资本市场一夜暴富的吸引力，都是走"专精特新"之路的文化障碍。

没有在德国或者日本长期生活过的人，很难深刻感知到文化的巨大差异。有人比喻说："德国人的脑袋是方的，而中国人的脑袋是圆的。"前者刻板严谨、一丝不苟，后者灵活变通、差不多就行。我研究跨文化管理和沟通十几年，深知文化是一个社会的底层操作系统，影响深远。

赫尔曼·西蒙教授也强调，德国"隐形冠军"的市场领导力来自：第一，对不确定性规避的德意志文化；第二，相关配套产业中龙头企业的高标准、严要求；第三，家门口有强大的竞争对手，长期对打陪练等。

可喜的是，近四五年，经过中美贸易战，尤其是新冠疫情之

后，中国人的文化自信和制度自信有了非常大的提升，很多人感觉中国现在可以平视世界了。我们应该更从容淡定一些，从自己的优秀传统文化和历史中，唤回我们曾经有过的工匠精神（例如，宋明的瓷器、家具、丝绸等手工艺产品），让它在 21 世纪里"老树开新花"。

2

如何搞好"专精特新"？
给政府部门的几点建议

坚持研究的独立性原则

2021年11月26日，我所撰写的《解读工信部"专精特新"〈实事清单〉背后的机遇和问题》发表之后，引起很大反响，我陆续接到两三个机构的合作电话。许多朋友对此感到非常惊讶。有人问我："你这么一个平时根本不读政策文件，不看CCTV，甚至连学校的职称晋升、业绩考核规定都不读的人，怎么会去研究这么干巴巴的政策文件呢？"

事实上，从2021年7月份开始，我集中精力只研究了两个问题：一个是"管理学与共同富裕"（已经在"中国管理50人论坛"青岛科技大学会议上做了报告，并发表在"大变局下的中国管理"公众号）；另外一个就是"专精特新"。本人进行研究所依赖的资料，全部来自公开的新闻报道、数据和政策文件，没有任何内幕消息，也没有任何研究经费的资助。

在未来相当长的时间里,关于"专精特新"的思考和研究,会成为我的研究工作的重点。我打算每隔一段时间写一篇文章,分别从企业层面、产业链层面、行业层面、地区层面、国家层面、国际比较层面等,全方位地阐述我对这个问题的一些看法和理解。特别是,我希望宏观层面的研究最后会落实到企业微观层面的具体操作中去。这些研究可能包括长期跟踪的案例研究、"专精特新"指数编制和发布、定量实证研究和政策分析等。

我发现,越到宏观层面,越可以"胡说八道",因为没有多少人有那种全局视野和理论高度;在大家都掌握不了那么多的信息的时候,你说的很多观点和建议很难被证伪。这就是为什么经济学家经常可以出现在聚光灯下,抛头露面,指点江山,而管理学者很少有话语权。越是讲宏观的内容,越容易"糊弄";而越到具体的企业层面,你越需要更深入地了解情境化的信息。这种情境化的信息丰富多样,甚至难以获取,非常内隐和分散,而你给出的建议必须有非常强的针对性才能让当事人觉得"嗯,很有道理"(make sense)。

如果说我关于"专精特新"的第一篇文章,主要是关于国家出台的帮扶中小企业的政策分析,是站在国家层面讨论问题,那么这篇短文主要针对的读者群是相关部委的官员、地方政府、行业协会、创投机构等。浅薄之处,敬请原谅。

工业和信息化部:请尽可能公开所有相关数据和信息

研究中国问题时,统计信息不公开、不透明是一个非常大的障碍。很多时候，只有内部人（或者有关系的人）才能拿到一些本属于全体公民都可以拿到的数据。

在工业和信息化部的网站（www.miit.gov.cn）上，你可以查到 2018—2020 年关于申报专精特新"小巨人"的通知，但是，你只能找到第一批专精特新"小巨人"企业的名单（248 家）。而第二批和第三批专精特新"小巨人"名单，我没有找到。

网站上可能有，也可能没有，至少我目前没有找到。问题是，如果对我这样一个搜索信息的高手来说，都没有找到，这说明这个网站的设计和检索能力有问题，或者说工业和信息化部在信息公开上有问题。

没有数据，怎么进行分行业比较？如何进行省际比较？如何进行国际比较？例如，我很好奇，"单项冠军"和专精特新"小巨人"企业之间到底有多大的区别？两者之间有什么关系？针对"单项冠军"，政府又有什么具体的政策？在"自上而下"的政策设计中，"单项冠军"到底应该扮演什么角色？2021 年 11 月 23 日出台的针对"专精特新"企业的《实事清单》中的政策红利，也适用于本来就是工业和信息化部与中国工业经济联合会遴选出来的"单项冠军"吗？还是说，"单项冠军"的规模已经太大，根本就不是工业和信息化部中小企业局服务的对象？因为没有数据，我很难准确地回答这些问题。所以，首先，我要建议工业和信息化部尽可能详细地公开相关数据，便于感兴趣的研究者深入分析，提供有价值的建议。

"单项冠军"和"专精特新"之间到底有什么关系?

在我关于"专精特新"的第一篇文章中,建构了一个中国企业分层金字塔。我把"单项冠军"放在"小巨人"的上面,因为"单项冠军"比绝大多数专精特新"小巨人"在体量上大很多,有更高的品牌知名度。

我曾仔细阅读过工业和信息化部与中国工业经济联合会评选出来的 600 个左右"单项冠军"(分为示范企业和"单项冠军"产品)名单。我发现,其中 30% 左右的企业名字我是听过的。当我看到这些企业名字时,我能在脑海里联想起这些企业的一些关键信息。但是,当我阅读工业和信息化部公布的第一批专精特新"小巨人"企业名单(248 家)时,我只能说我最多只听过其中 3% 左右的企业的名字,因为它们绝大多数都是某个细分行业中的企业。按照《国民经济行业分类(GB/T 4754—2017)》来划分,它们一般都是行业代码为四位数的企业。

整合各方面信息,我得出如下基本结论:

(1)"单项冠军"比专精特新"小巨人"一般来说规模大很多(有的甚至销售额高达 700 亿元左右),是产业链中的龙头企业。个别"单项冠军"甚至从事全产业链生产。而"小巨人"企业更多是专注于某一环节,做配套企业,补链补短板,填补空白,是在一个细分市场中生存和发展。"单项冠军"在中国的企业生态系统中,属于比较顶级的猎食者。

（2）"单项冠军"评选中包括两类：示范企业和"单项冠军"产品。前者大多属于产业链的龙头，而后者中的一些企业事实上可以归类到专精特新"小巨人"中。只有把它们分开对待，政府才能设计相关政策，精准帮扶和培育。我建议，把已经入选的"单项冠军"产品的绝大多数企业直接平移到专精特新"小巨人"企业里，让其享受目前的政策红利；而对"单项冠军"示范企业，则需要单独设计政策，让它们在建设工业强国的过程中发挥更大的作用。

（3）"单项冠军"的评选已经有六年时间，也进行过三次复审（每两年复审一次）。其评选早于专精特新"小巨人"企业（2018年11月开始），其评选单位是工业和信息化部政法司与中国工业经济联合会。中国工业经济联合会是工信部以前主管的专业协会，协会领导一般也是由工信部退下来的领导担任。而专精特新"小巨人"的评审是由工信部中小企业局主持开展，主要针对中小微企业，目前搞得轰轰烈烈，比"单项冠军"的评选更加大张旗鼓，有声有色。所以，"单项冠军"的评选给人"起了一个大早，赶了一个晚集"的感觉。

（4）如果说专精特新"小巨人"是为了解决短板和空白的问题，那么"单项冠军"就应该是为了锻造长板。如果说"小巨人"是高中生，还没有长大成人，需要政府扶持，那么"单项冠军"就应该是大学生：毕业了，你得靠自己去闯荡社会、闯荡世界了。国家不应该再对其给予更多的政策扶持，否则，就违反了市场竞争的中性原则。

（5）如果说专精特新"小巨人"企业当前面临的重要任务主要是技术创新和产品质量提升等，主要是解决有无、国产替代的问题，那么"单项冠军"的任务应该是在持续创新的基础上，强化在产业链中的整合作用，促进产业链上下游融通创新，带动当地产业集群的发展，或者先人一步，布局战略新兴行业。"单项冠军"的另外一个任务是大胆地"走出去"，在全球进行布局，变成中国企业的桥头堡、尖兵连和领头雁。所以，"单项冠军"在中国经济体系中扮演的角色，显著地不同于一般性的"专精特新"企业。

（6）从地方政府的角度来说，培育或者招商引资一个"单项冠军"，可能就培育和带动了一个产业集群，会催生出很多与之配套的"专精特新"企业。对于"单项冠军"企业来说，它们的职责是当好产业链的链长。政府应该重点考察它们在当地的配套率、对产业集群的带动效应、在上下游产业链中的融通创新以及国际化程度等，从而提供与这些考核指标相关的税收减免、优惠贷款、投融资服务、高端人才引进、研发平台建设等政策红利。在"单项冠军"的评选中，有很多关于国际化的指标，但是，没有关于如何带动产业集群和产业链进行融通创新的考核指标。建议后续的评选可以补上这一点。总之，"专精特新"的灵魂是创新，而"单项冠军"企业的灵魂是"持续创新＋带动产业链发展＋全球化"。

（7）当谈到全球化时，我的意思到底是什么？不是简单的直接出口或者间接出口，也不是出口额占销售额的比例。而是在海外关键市场（欧、美、日等）成立子公司，直接设厂进行生产和营销，针对不同市场的客户开发不同的产品；成立卓越中心（center for excellency）以充分利用当地的优秀人才，以及组建国际化团队和培养全球化运营的能力等。

如果我们把华为的国际化程度计为100分，那么工业和信息化部筛选的600多家"单项冠军"企业的国际化程度到底如何呢？我觉得平均分大约是30分。我特别感兴趣的是，这两个群体（600家

"单项冠军"和5 000家左右专精特新"小巨人"企业）之间到底有多大差距，以及它们距离德、日、美的"隐形冠军"到底有多远？在一次视频会议中，我请"隐形冠军"之父西蒙教授提供他们所使用的问卷，开放他们已有的数据库，然后我们收集中国数据，进行横向比较和纵向比较。原则上，他已经表示同意。但是，目前该研究还没有启动，因为既没有研究经费，也没有数据，所以没有任何有价值的研究结果可以和大家分享。

"专精特新"不应该成为各地政府疯抢的香饽饽

2021年9月2日，国家领导人宣布推出北交所。一夜之间，创新型中小企业中的尖子生专精特新"小巨人"企业，成了各地政府在招商引资中争抢的香饽饽。

首先，各地政府给入选的"单项冠军"或者"小巨人"企业，提供不同程度的现金奖励。从500万元到300万元，最少也有100万元，尤其是以宁波奖励额度最大。经济落后的西部地区和东北地区，当地政府也勒紧裤腰带大力扶持自己少得可怜的"小巨人"，生怕它们跑到别人家里。这在某种程度上，只是"锦上添花"，不是"雪中送炭"，只能造成"强者恒强"，不利于减少地区经济发展不平衡，更有悖于共同富裕的政治理念。

其次，基于中国地方政府发展的锦标赛模式，各种挖墙脚的招商引资行为如火如荼。有时甚至是从同一个城市的北边挖到南边。例如，从北京的海淀区中关村挖到丰台区科技园。因为北交所的推出，北京企业"近水楼台先得月"，很少有北京的专精特新"小巨人"企业会离开北京，但是，架不住西部地区的企业被挖到东部，或者东部各城市之间相互挖墙脚，造成进一步的区域发展不平衡。对于这种情况，中央政府不应该鼓励，也不应该默许，需要旗帜鲜明地表明反对意见。

第一，东部沿海地区的政府应该更有雄心壮志，尽量吸引国外的龙头企业落户当地，以带动当地配套企业的发展，而不是挖兄弟省份的墙角。如果有条件，就应该抓住第四次工业革命的潮头，自己培养一批硬科技企业，带动当地产业链的发展。例如，上海招商引资特斯拉，带动新能源汽车的发展，就是一个典型案例。相比较而言，深圳和宁波在培育面向未来的高精尖企业方面，做得不错，而其他地方的专精特新"小巨人"和"单项冠军"，更多是传统产业的转型升级。

第二，不要让专精特新"小巨人"企业的评选变成注水肉，大家最好克制一些。有的地方，例如上海，前三年每年报名评选"小巨人"的企业数量在300～400家。自从北交所与工业和信息化部关于"专精特新"企业的扶持政策推出之后，2021年参评"专精特新"的企业数量多达2 000家。有的企业，销售额已经几百亿元了，也来参评"小巨人"（我倒是希望中国有这么多大个子的"小巨人"）；有的企业，销售额才几百万元，也来参评"小巨人"（您能不能先长几年时间再说呢？着急什么？！）；还有一些著名大企业的子公司，背靠大平台本身的资源优势，也来参评"小巨人"（政策上倒是符合评审标准中关于独立法人的要求，至少满足在当地经营3年以上这项硬性指标要求，但是，有这必要吗？）。这既给政府评审机构增加了巨大的工作量，也反映了普遍性的浮躁和急功近利，完全不符合"专精特新"的精神。

第三，目前所有的专精特新"小巨人"评选中，都不需要现场答辩，只审核材料，评委专家与企业的创始人和高管团队等之间没有任何直接接触，这是不对的。"专精特新"企业很大程度上依赖于企业家个人和高管团队是否具有如下的价值观：雄心壮志、长期主义、技术至上、精益求精、专注聚焦、拒绝机会主义等。所以，通过视频会议，感受一下企业家的个人风格、价值观和认知等。专家可以问一些比较刁钻的问题，测试一下企业家对自己的事业是否真的有激情，还是投机取巧。

不能过度降低"专精特新"的评选标准

从2019年的248家，到2020年的1744家，再到2021年的4762家，入选专精特新"小巨人"的企业数量逐年呈现火箭式增长态势。我在2022年初预估2022年应该有超过8000家工业和信息化部认定的专精特新"小巨人"，事实上，2022年工业和信息化部第四批专精特新"小巨人"企业认定了4357家企业，总数达到8997家，大大超过我的预期。到了2025年，"百十万千工程"一定会"提前、圆满"完成原来的预定目标。

这是在中国做事的常态，其实不好。特别是，伴随着"专精特新"的评选，出现了很多不良现象，需要大家提高警惕。

首先，伴随着"专精特新"概念的火爆，各种专业服务机构（招商引资公司、创投公司、律师事务所和会计师事务所、知识产权中介等）都想来吃这块"唐僧肉"，涌现出很多帮着"做材料"的机构。这可以理解，"无利不起早嘛"，但是，也不能纵容，尤其是申报材料不能作假，否则，流毒深远。在我看来，在所有的材料中，比较容易夸大其词的是：研发投入的强度（人员和金额）、市场占有率（这个本来就很难清楚地界定，很少有企业明确地知道准确的数字）、实用新型和外观设计专利的数量（获得高价值的发明专利相对比较难）等。

其次，不管是工业和信息化部，还是地方政府，不能出于提升自己政绩的动机，过分地降低评选标准，造成不切实际的"虚胖"。比较2018年的第一批评价标准和2020年的第三批评选标准，工业和信息化部在很多方面已经降低了标准，包括对公司进行了分类，适当降低了对营业额的要求（最低标准可以不到5 000万元，但是，要求有超过8 000万元的风险投资到账，至少50%的人员从事研发工作等），以及放宽对是否参与国际、国内和行业内标准的制定和修订等的要求。

有意思的是，在第一批入选"专精特新"的企业中，我看到有个别企业是做香油、芝麻油、白茶、辣椒酱、地垫、钢卷尺、羽绒服等的，我对这些企业入选专精特新"小巨人"名单感到困惑。专精特新"小巨人"企业难道不应该主要是解决"卡脖子"和工业强基问题的吗？不是应该有非常强的政策导向吗？不是说，你在某个领域是老字号，知名度很高，销量很大，就应该入选专精特新"小巨人"。除非是一些著名的地理标志的农产品，比如，贵州茅台、西湖龙井茶、宣化火腿、桂林米粉等。

专精特新"小巨人"中，好像没有现代服务业。事实上，现代服务业尤其是知识密集型服务业应该纳入专精特新"小巨人"企业的评选中，例如，金融服务、有国际资源的知识产权交易机构，可以为中国企业"走出去"保驾护航的律师事务所、会计师事务所和审计机构等。在西蒙教授的"隐形冠军"调查中，至少有12%的"隐形冠军"企业属于现代服务业。如果没有现代服务业的助力，"专精特新"企业是"飞"不高的。

对于绝大多数中小企业来说，"专精特新"是一条人间正道，也是一条可以干三四十年的超长赛道，需要的是耐心（耐心资本、耐心政府和耐心企业家）。如果一看见政策红利，就一窝蜂"大干快上"；如果一看到有上市机会，就挤破脑袋，很可能在发展的过程中丧失了"专精特新"的初心，会被机会主义和上市带偏了。

相比美、日、德等国家上百年的现代化历程，它们的"隐形冠军"的年龄平均超过60年，而我们的"小巨人"平均年龄不到17年，我们的"单项冠军"平均年龄可能才20年左右。从企业生命周期的角度来看，中国的"专精特新"还是青少年。我们需要稳扎稳打、静水流深，这种企业行为才符合"专精特新"的战略调性和节奏。

3

中国"专精特新"离德国的"隐形冠军"有多远？

管理类畅销书作为一种社会建构

管理学者、经济学家特别是经管类畅销书作家，在塑造和营销国家品牌和公司品牌方面发挥着巨大的影响力。每当提起德国、日本、以色列和美国的时候，我们总是不由自主地想起"隐形冠军""长寿企业""工匠精神""创业的国度""硅谷的优势"。而创造出这些流行的名词术语的作者，例如赫尔曼·西蒙、后藤佐夫、索尔·辛格和萨克森宁等，不仅为某个特定国家、特定地区或者特定类型的公司创造了巨额的经济收益（tons of money），自己也名利双收。但是，令人惊讶的是，经管类畅销书中的很多研究并不是建立在严谨的大规模调研的基础上的，难以经得起反复推敲，而更多是建立在引人入胜的故事、有技巧的写作基础之上。当然，它们能成为畅销书，也依赖于好运气和恰当的时机。而与之相反，绝大多数发表在 AMJ 上的严谨的研究成果，其影响力从未出圈，仅仅停留在管理学术界学者之间的相互引用层面。

赫尔曼·西蒙在《隐形冠军》第一版里就承认,用以前他所秉持的严谨的研究方法,他并没有发现他所调查的这些德国中小企业样本("隐形冠军")相比其他类型的企业有多么独特的、系统性的优势。但是,在深度访谈和长期观察中,他总是能感受到它们与众不同的精神气质和经营模式,于是他在很大程度上放弃了经济管理研究中对方法和数据的严谨性追求,而是大笔一挥,一气呵成写了一本通俗易懂的管理读物,把自己的洞见和感受直截了当地告诉了读者。换句话说,《隐形冠军》是建立在强势的意义赋予(sense-giving)基础之上,而非严谨的科学推理基础之上。在他的自传《全球化之旅:隐形冠军之父传奇人生》一书中,他承认,这是他写得最顺也是最成功的一本书。

当这些直击要害、抓人眼球的管理概念和理论开始流行之后,它会影响读者的心智模式和企业家的经营战略,并开始塑造人们的行为,也显著地提升了公司的品牌溢价、产品和服务的价格甚至公司被出售或者被投资时的交易估值。这是典型的观念改变世界的例证、自我证验预言实现的典范。2014年,我去以色列考察,在与《创业的国度:以色列经济奇迹的启示》一书的作者索尔·辛格交流时,他说因为此书的出版,以色列作为一个创新创业的国度的知名度显著提升,所以以色列初创公司被并购时的价格直线飙升。

正如《人类简史:从动物到上帝》的作者尤瓦尔·赫拉利所言,我们更多地活在虚构的秩序之中,活在意义之网之中,而非简单的事实之中。所谓的事实,在赫拉利看来,至少包括三种:客观事实(例如,重力是否存在不依赖于牛顿的理论),主观事实(例如,自己觉得头疼,但在医院做了各种医学检查之后,并没有发现任何异常的生理指标,可是自己仍然觉得头疼欲裂,这是一种个体之间难以沟通的"事实"),还有互为主体性的、基于大量社会沟通和互动所构建出来的事实(例如,上帝、金钱、权力、秩序、观念、市场、公司品牌、原产地效应等)。

我们社会生活中的大部分"事实"都属于第三种类型,也就是互为主体性的"事实"(inter-subjective)。在构建这类"事实"的过程中,威胁、奖励、承诺、宣传、故事、意义生成、意义赋予、想象、从众、认知偏见、社会规范等,都扮演着重要角色。正如《红楼梦》里的对联"假作真时真亦假,无为有处有还无",只要认认真真做戏,最后,很大程度上就可以以假乱真——人的大脑是很容易被哄骗的。所谓的社会事实,很大程度上就是这么创造出来的。

在我看来,所谓营销,就是在那么一丁点事实的基础上,经过巧妙包装,选择性地呈现最靓丽的一面,而有意识地隐藏有缺陷的一面,让观众产生不切实际的良好印象(这就是印象管理),进而产生购买行为,以真金白银来支持商家。而那些有点责任心的商家会在有了销售收入之后,对自己的产品和服务做出进一步的改善。最后,一种本来"名不副实"的产品就变成了一个知名品牌。这就是一个社会建构和自我证验预言的过程(所谓的"事实"—"修辞-社会行动"—新的"事实"之间的迭代过程)。

当我们探讨诸如"中国的'专精特新'企业到底离德国的'隐形冠军'还有多远"这类话题时,一定要理解社会科学研究或者经管类畅销书的社会建构过程。尤其是当我们缺乏大规模国际比较数据的时候,做出一个可能有点夸大其词的积极判断,与做出一个打击国人自信心的消极判断,所产生的效果是完全不同的。前者本身就有文化自信和品牌塑造的作用,而后者也可能让中国企业付出不必要的代价。

中国的"专精特新"到底离德国"隐形冠军"有多远?

网络上流传着关于德国"隐形冠军"的各种文章和视频。有的文章吹嘘德国的产品质量如何精良,而中国的产品如何被人瞧不起。其中有一篇配有图文、流传甚广的文章讲,参加德国汉诺威工业博览会时,作者看到欧美企业的展台如何"高大上"、产品多么高科技,而中国企业的展台面积小、位置不在中心展馆,展台面前冷冷清清,无人问津。作者说,究其原因,因为中国产品大多都是山寨的、抄袭的、"黑大粗"。仔细浏览这篇文章,我找不到准确的时间和地点,也没发现具体的厂家信息等。这种以偏概全、其出发点就有问题、过分情绪化的文章,经常会在读者心中造成不成比例的负面影响。

在企业参访或者产品营销的场景里,还有一种无意识条件下的、极为不自信的对话:"你们的机床是哪儿产的?""进口的、德国的、日本的、美国的。"厂家话里话外的那种自豪感让民族自尊心强烈的人越来越感到不适。或者在你因为滑雪或骑摩托车骨折而不得不上手术台前,医生问你:"你想用进口的钢板,还是国产的钢板?"这时,如果经济条件允许,你大概率会稀里糊涂选择进口的,虽然你压根儿就不清楚进口钢板比国产钢板到底好在哪儿。

我们不得不承认,在一些高端制造领域,在一些特殊的应用场景里,德国、日本的产品(例如,大型数控机床)的确比国产的要更智能一些,精度更高,稳定性更好。但事实上,中国企业迎头赶上的速度也很快，已经成为德、日企业最强劲的竞争对手。一种虽然粗糙但不会离题万里的估计如下：在所有的中低端领域，中国制造已经全面超越德、日制造；而在不到10%的高端制造领域，中国制造与德、日制造可能相差5~10年；在少数领域，中国企业已经进入无人区（例如，5G和各种具体应用、消费互联网、移动互联网、新能源汽车、光伏发电等）。所以，客观系统地比较中国的"专精特新"企业与德国的"隐形冠军"企业之间的差异和不同，有助于清醒地判断中国"专精特新"企业努力的方向。

根据工业和信息化部关于优质中小企业梯度培育计划，"十四五"期间，我国计划培育100万家创新型中小企业、10万家省级"专精特新"企业、1万家专精特新"小巨人"企业和1 000家"单项冠军"企业。从创新型中小企业到各个省市的"专精特新"企业（以及培育企业），再到工业和信息化部认定的专精特新"小巨人"企业，最后到工业和信息化部与中国工业经济联合会评选的"单项冠军"，它们构成了一个金字塔式的梯度培育体系。绝大多数企业只能一级一级地拾级而上，不能速成。

在以前的文章中，我认为工业和信息化部认定的专精特新"小巨人"，离德国的"隐形冠军"，还差一个"欧亚大陆"。而800多家"单项冠军"企业和"单项冠军"示范产品，约等于德国的"隐形冠军"。这个判断大大超出了西蒙教授关于中国只有150家左右的"隐形冠军"的判断。我个人认为，西蒙教授对于中国企业发展现状的认知已经有点过时了。

差距分析是战略规划的起点。接下来，我先简单介绍德国"隐形冠军"的画像、它们的成功之道，然后从纵向水平上比较中国的"专精特新"企业离德国"隐形冠军"的差距，再从横向水平上比较它们之间的不同。纵向水平上,有实力上的差距;而横向水平上,更多是类型上的多样性。差距分析让我们冷静面对不足。而类型上的多样性,则为中国"专精特新"企业的发展提供了独辟蹊径、弯道超车的可能性。我们应该充分发挥自己的独特优势,尽快补齐短板,锻造长板,实现全面赶超。

德国"隐形冠军"的基本画像

德国"隐形冠军"企业林立在德国的城市和乡间,在行业内享有盛誉,但并不为普通消费者所知,因为80%以上的企业都是做2B生意的,为龙头企业做配套。这些公司在所处的细分行业里处于世界领先地位,是世界前三强的公司,或者某一大陆上名列第一的公司。

这些企业存在时间都在30年以上,平均存在历史大约60年,有的甚至已有百年以上的历史。它们一般在一个狭窄的细分市场内精耕细作,直到成就全球行业内的"独尊地位"(only-one company),年营业额一般低于50亿欧元。超过50亿欧元的企业,例如SAP,被称为"大冠军"。

根据西蒙教授的调研,全世界够得上"隐形冠军"标准的大约有2 700家,其中德国大约1 300家。其他德语国家,如奥地利、瑞士各150家左右。另外,美国和日本各有360家和220家左右。很多人经常错误地把德日企业和"隐形冠军""工匠精神"联系在一起,而把美国企业与颠覆式创新、"财富"500强或者华尔街资本控制的企业联系在一起,而忽略了美国也有相当数量的"隐形冠军"的事实。1920—1970年,是美国大公司的黄金时代。那时美国的工业体系是全世界最完整的(就像今天的中国号称是全世界唯一的工业门类最齐全的国家),拥有39个工业大类、191个中类、525个小类中所有的门类。那时的美国,从研发、制造到营销,其制造业链条非常完整(参考《清教徒的礼物:那个让我们在金融废墟重拾梦想的馈赠》),所以,也有相当数量专注于某个细分市场领域的"隐形冠军"。

例如,被称为"工具之王"的史丹利公司就是其中一个"隐形冠军",而且是面向普通消费者的,为欧美普通消费者所熟知(见图2)。史丹利的历史最早可以追溯到1843年,这是一个老牌工具

图2 史丹利-百得集团的产品

制造品牌，发展至今走过了 180 年左右的时间，为全球工业市场提供了数以万计的产品，包括机工具、液压工具、紧固工具、风动装配工具。最值得称道的是，史丹利打造出全球首把卷尺，直接改变了我们工作的方式。10 年前，史丹利公司和百得公司合并成立了史丹利-百得集团。百得成立于 1910 年，是全球最大的电动工具制造和销售商，其品牌同样有着百年历史。史丹利-百得集团 2020 年全球销售额近千亿元，市值超过 300 亿美元。

德国"隐形冠军"的成功之道

概括地说，德国"隐形冠军"的成功之道主要包括以下特点：

（1）突出主业，聚焦缝隙市场。"一米宽，一公里深"，先做深，再做宽。

（2）坚持长期主义，制定长远战略。创业之初，这些企业也曾在黑暗中不断摸索尝试，有啥能做就做啥，但是，一旦选定目标之后，咬定青山不放松，一直深耕某个细分行业，直至成为冠军企业。

（3）德国独特的双元制模式（学校＋工厂）为企业输送了大批高素质的专业人才、领军人才。德国在高端制造业方面的优势也使得其企业能支付得起足够有吸引力的高工资，而高工资与人才的培养和招聘之间形成了良性循环。

（4）德国企业特别强调参与制定行业标准，追求高品质，倡导极端制造、高强度研发投入。

（5）不同于英美模式，德国经济体制被称为社会市场经济，德国也认可政府之手和产业政策的重要性，强调有序竞争。德国的城乡差距很小，各个州发展比较平衡。在长期的发展中，各个州演化出了各具特色的中小企业特色产业集群。

（6）德国特别重视技术组织的作用。例如，享有盛名的专注于应用研发和技术产业化的弗劳恩霍夫协会，以及从事技术转移的史太白技术转移中心。

中国"专精特新"与德国"隐形冠军"的差距

第一，中国企业历史太短（"单项冠军"平均20年，"小巨人"企业平均16年左右），再加上30多年来中国经济高速增长，一旦经济危机的苗头冒出来，中国政府就通过政府之手进行调节，尽量削平经济周期的波峰和波谷。因此，很多中国企业没有怎么经历非常严重的大风大浪的考验，相当一部分"单项冠军"企业还没有完成代际交接班。而很多德国"隐形冠军"企业，不仅经历过两次世界大战和冷战，也经历过第一次世界大战之后魏玛共和国期间和第二次世界大战之后1945—1947年间的严重的通货膨胀，所以有丰富的抗风险能力和永续经营的经验。

第二，从产品创新水平、产品品质和可靠性、品牌知名度和美誉度、研发强度、市场领导力来看，中国的"专精特新"离德国的"隐形冠军"也有显著差距。中国的"专精特新"企业只有少部分参与或者主导国际、国家和行业标准的制定和修订。

例如，从研发强度来看，德国"隐形冠军"的研发投入占营业收入的5%左右，中国的专精特新"小巨人"企业大概在7%，但是，德国企业研发投入在绝对数量上远远超过中国企业，经常是每年上千万欧元与一两千万元之间的对比。更何况德国"隐形冠军"在此之前已经保持了几十年的高强度研发，积累了大量的专利，布局了铜墙铁壁般的专利壁垒。

关于前三批专精特新"小巨人"企业7%左右的研发强度，我们对这个数据的可靠性还是要谨慎看待。根据安信证券的研究，科创板、创业板、中小企业板和主板的"专精特新"公司，2020年平均研发/收入比例分别为6.44%，6.91%，4.77%，2.58%。研发人员方面，2020年，全部A股公司的研发人员占比平均为17.64%，中位数为13.51%；"专精特新"上市公司的研发人员平均占比为22.11%，中位数为18.31%。因为已经上市，这组数据相对更为可靠。而且上市公司的研发强度大概率要比还没有上市的"小巨人"企业要大。

根据浙江省经济和信息化厅的数据，2020年浙江省470多家"小巨人"企业的研发强度大约为4.5%。我估计，除了北上广深之外，中国其他省市的专精特新"小巨人"的研发强度，不太可能比浙江更高。这种研发强度的虚报和虚增，可能的原因是参评"小巨人"时填报材料的需要。山东省某县的经济和信息化局领导就曾私下向我咨询："如何准确地识别出企业的研发强度？"当然，专精特新"小巨人"企业的研发强度高，也可能是因为某些特殊行业（例如，医药行业和软件行业）的数据拉高了整体水平，也可能是因为公司规模太小、处于发展初期阶段。

类似的问题也表现为申请材料中专利注水现象，具体来说就是：(1)公司自己没有积累多少专利，但是，以外部受让专利来凑足专利数量，而这并不代表自身研发能力很强；(2)企业的专利技术方案可能并未应用于实际研发或实施，而是被束之高阁；(3)企业专利尽管获得授权，但技术不一定领先，缺乏高价值的专利。

第三，就国际化程度而言，"专精特新"企业的国际化程度处于起步阶段，大多停留在进出口贸易阶段，只有少部分企业"走出去"在海外设厂，或者直接参与国际并购。而德国的"隐形冠军"的海外分支机构大约在30个。在中国企业里面，华为的国际化程度是最高的，华为在全球170多个国家都有分支机构。如果我们把华为的国际化程度设为100分，那么绝大多数"小巨人"企业的国际化程度只能勉强得10~20分，而"单项冠军"企业的得分应该在30分左右。

第四，缺乏富有工匠精神的高技能人才是制约"专精特新"企业发展的重要因素。而在工业和信息化部《关于为"专精特新"中小企业办实事清单》或《"十四五"促进中小企业发展规划》中，在如何发展职业教育，培养高技能人才方面，基本上就是一笔带过，所谈甚少。

在一篇《为什么顶级的机床都是欧美日，而中国造不好呢？》的网文中，作者采访了几位业内人士，吐槽最多的就是人才问题。其中一位专家认为："中国造不了高精度机床的原因是多方面的，首先是缺乏工人，一般企业培养不了高技能人才。举个简单的例子，培养八级钳工耗资就不是个小数字，而且时间也很长。而且八级钳工也不能止步不前，需要继续进修。另外，还要经常给他高难度的工作（小工厂根本培养不起），不然技术会生疏。培养出一个高水平工人，没有5~8年的时间根本办不到。即使培养出了高水平的工人，如果企业制度不能提供优越的条件，也留不住这样的人才。这就造成了很多工厂不愿花资金去培养优秀工人。其次是没有精力去设计生产高水平的机床。有时，一台机器造下来要花两三年的时间。以德国为例，以前加工一根卧式铣床的刀具轨需要的工人数为1名工程师、2名技师、3~5名高级工人（大约相当于国内刚拿到八级钳工证的人），而且也非常耗时，大约要半年（包括精加工和表面处理，以及修配）。这样下来，除非是大规模企业，小企业根本负担不起这样的开支和时间。"

另一位专家则认为："中国的制造业，工艺远比制造难度要大得多，如钛合金焊接技术、大型弹射器的气密技术等。中国缺的不只是技术工人，更缺工艺师。可以说，中国机床严重缺少各方面专家、人才，许多关键性技术（如刚性、热变形、振动、噪声、精度补偿等）没有从根本上解决。还有就是材料、模具、数控方面的人才缺乏，没有这方面足够的人才，中国的机床产业要赶上国外先进水平又谈何容易！"

中国"专精特新"企业与德国的"隐形冠军"的不同

因为国家的体量大小不同、政治制度不同、国家文化不同、所处的发展阶段不同，中国"专精特新"企业也表现出与德国"隐形冠军"非常不同的一些特点。这些不同点，如果能充分发挥优势，可能是弯道超车的根本。

第一，"专精特新"企业的评选表现出明显的政策导向，主要是为了解决工业强基、补链强链、"卡脖子"等问题。某些市场占有率很高的企业，或许可以入选德国的"隐形冠军"（例如，做假发的或者做吸管的），而不一定能入选中国的"专精特新"企业。

第二，"专精特新"企业的评选特别强调制造业导向，高端服务业企业比较缺少。例如，知识密集型的知识产权服务机构，或者特殊类型的金融服务公司。而德国的"隐形冠军"中，服务业企业占据20%以上。

第三，全世界不同国家的产业发展都表现出产业集群的特点，但是，类似中国大陆那种高度人为设计的工业园、科技园等的，除了中国台湾和新加坡以外，几乎绝无仅有。不同于德国的城乡差别小、地区发展程度差别小，中国的产业集群的地区分布非常不均衡，地区差异非常大。专精特新"小巨人"企业高度集中分布在山东、江苏、浙江、广东、福建等东部沿海一带，特别是宁波、常州、潍坊、青岛、东莞这些城市。

第四，相比德日缓慢成长的"隐形冠军"企业，中国"专精特新"企业成长的速度更快，而且获得第一次成功之后，很少再满足于某个细分市场，而是表现出更强的多元化经营的冲动。很多日本长寿企业，上百年来一直在经营祖上传下来的老店老铺，它们可能是某种酱油、清酒、农产品和海产品，也可能是几十年如一日做某种类型的螺丝或者基础材料。而这种对既有业务的长期坚守、持续改善的特点，在中国企业身上相对来说比较少。

例如，光电企业领域的"单项冠军"——宁波舜宇光学——在2014年就提出，苦干十年，争取在2024年实现1 000亿元营收。为此，它不断地丰富自己的产品线，改变商业模式，从单纯的生产产品变成发展服务型制造业，提供系统解决方案。再如，一家从事精细化工业务的"隐形冠军"企业——江苏强力新材，在光刻胶产品线发展到了一定程度之后，并没有满足于在原有的细分市场深度耕耘，而是在资本的加持下，沿着产业链上下游进行纵向整合。这种多种经营和对高速成长的渴望，可能与中国市场的特点有关：中国作为超大规模的国内市场、全世界最大的发展中国家，普通消费者对产品品质的要求并不高，而更看重价格等，都会影响中国"专精特新"企业的战略选择。

过去十年里，淘宝和拼多多等电商的快速发展，在某种程度上也延缓了"专精特新"企业的发展速度，缩小了它们的生存空间。因为发展"专精特新"需要消费端的强力支撑，下游企业和客户愿意为高品质的产品支付高价。近四五年里，当中国的人均 GDP 超过 1 万美元、国内消费升级之时，我们对"专精特新"品质的要求才越来越高。从外部环境讲，因为美国对中国在技术上进行"脱钩"，对中国顶尖企业进行制裁，动不动列入实体清单，禁止出口一些关键技术和关键零部件，这一切也倒逼中国企业不得不走"专精特新"之路。总之，中国企业发展的气候和土壤发生了明显改变。

破解德国"隐形冠军"不上市的迷思

在比较中国的"专精特新"企业与德国的"隐形冠军"企业时，很多人发现中国企业比较高调，热衷于上市，成为"显形冠军"。而德国的"隐形冠军"非常低调，对资本市场敬而远之。根据西蒙教授的研究，近 20 年来，德国"隐形冠军"上市的比例也在不断提升，但只有 20% 左右。在西蒙教授看来，低调的"隐形冠军"有助于降低竞争的烈度，不受制于资本市场的短期波动，而能专注于核心技术和产品品质的提升。所以，他对中国"专精特新"企业热衷于上市，不太理解，也不太认同。

类似地，2019 年 9 月，在《大变局下的中国管理：从以英美为师，转向与德日同行》一文中，我写道："令我最困惑的问题是：在这个世界上，是否存在一种完美的模式，能把市场导向型金融和银行导向型金融结合在同一个经济体内，而且运转自如？悖论整合说起来容易，做起来难。看看过去二十年里中国的发展，尤其是在房地产价格不断高企、P2P 不断'爆雷'的情况下，赚快钱的欲望总是战胜做实业的耐心。能否在同一种体制下，建设双高型的市场导向型金融和银行导向型金融，很难说，需要未来的实践证明。"

事实上，不管是西蒙教授对"隐形冠军"企业上市的不认可，还是我关于中国是否有能力建设一种双高型金融体系的迷茫，都是一个需要破解的迷思。我读到一本名为《金融的谜题：德国金融体系比较研究》的专著，对这个问题有了全新的认知。首先，德国"隐形冠军"企业不轻易上市的神话，需要放到 200 多年德国金融体系发展的大历史中去才能看得比较明白。研究明白了德国金融体系 200 年的历史，并且进行了不同国家金融体系的横向比较以后，大家就会发现，上市不上市并非"专精特新"或者"隐形冠军"的本质特点。"隐形冠军"这个概念最重要的不是"隐形"，而是"冠军"。上市或者不上市，有利有弊，各有千秋，条条大路通罗马。

在《金融的谜题：德国金融体系比较研究》一书中，张晓朴、朱鸿鸣两位金融专家把德国金融体系的发展分为五个阶段：1800—1870 年的大孕育阶段；1871—1915 年的大发展阶段；1915—1947 年的大逆转阶段；1947—1997 年的大稳定阶段；1997 年至今的大转型阶段。特别是在 1871—1915 年，德国发展出了以股市为主的资本市场和以三支柱银行（私人银行、公立银行、合作储蓄银行）为特征的银行体系都很繁荣的双高型金融体系。在这个阶段，德国上市公司的数量和美国上市公司的数量一样多，350 家左右。只是到了第二次世界大战以后，因为各种原因，德国的金融体系才转向以银行间接融资为主导的体系，强调稳定高于一切，特别关注通货膨胀。与此对应，德国企业的发展也主要是以内生式发展为主，较少进行并购；企业融资方式也主要是以公司利润的内部留存为主的自我融资和银行债务融资为主。

从横向国际比较来看，张晓朴和朱鸿鸣两位学者还发现，就金融业增加值与制造业增加值之间的关系来说，当下全世界不同国家基本上可以分为四种类型：（1）小金融、大实体，以德国、日本为代表；（2）小金融、小实体，以西班牙、法国为代表；（3）大金融、大实体，以中国、韩国为代表；（4）大金融、小实体，以英国、美国、意大利、加拿大、巴西、澳大利亚为代表（见图 3）。

关于 1997 年以来德国金融体系大转型不成功的原因，学界曾经提出了三种不同的解释，包括工业化模式论、机构代替市场论、大陆法系论等。而《金融的谜题：德国金融体系比较研究》则提出了一种实体经济"大逆转"论。简单地说，近三十年里，德国在很大程度上错过了互联网的上半场，在新经济方面没有诞生多少创新型的公司。《GEM 全球创业观察》历年来的统计数据表明，德国创

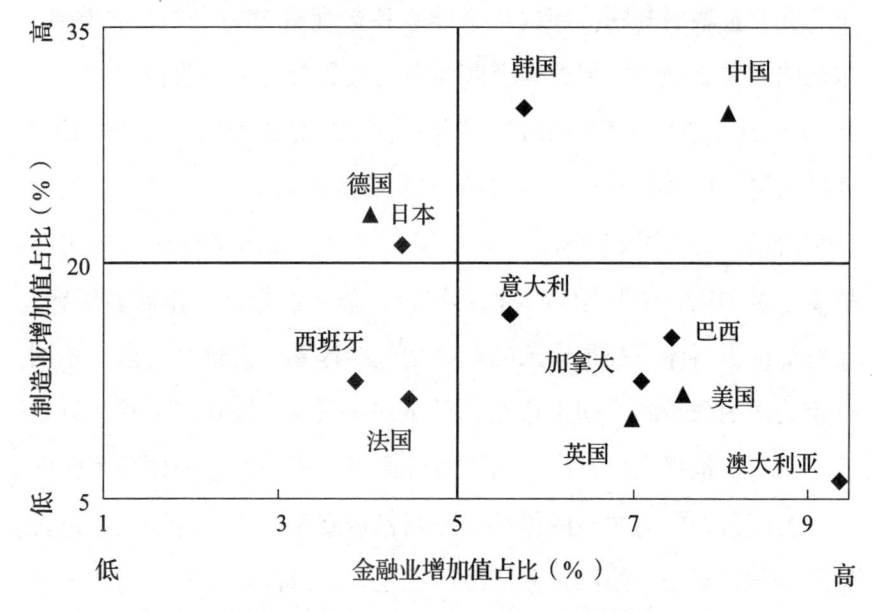

图 3 2017年主要经济体金融业与制造业相对规模
资料来源：经济合作与发展组织，中国国家统计局。

业的活跃率很低。在18～60岁的工作人群中，打算创业或者正在创业的只有不到3%，远低于中国的12%或者美国的8%。1997—2004年，德国模仿美国的纳斯达克市场开办了新的股票市场"新市场"（neuer market），但是，因为缺乏足够多的、优质的、可以上市的企业，所以这个股票新市场失败了，德国所期望的金融体系大转型步履蹒跚。"福兮祸所伏，祸兮福所倚"，也正是因为这次转型没有成功，所以德国比较幸运地躲过了2008年的金融危机，其损失在G7国家里算是很小的。

不同于德国国内市场有限、创业文化不发达、创业活跃率很低的情况，中国改革开放40多年来，创业创富创新活动一浪接着一浪，波澜壮阔，优秀的公司每隔几年就涌现出来一大批。目前，多层次资本市场的结构已经搭建完毕（沪市—深市—京市、主板—创业板—科创板—各地的股交所等），风险资本市场投资和并购活跃，退出方式多样化，越来越方便。随着关于股市的治理机制不断完善，我们有理由相信，一个双高型的、有助于实体经济发展的金融体系应该就在前方。如果"专精特新"企业能合理利用资本，快马加鞭，同时又不忘初心，始终坚持聚焦和创新，大概率会更上一个台阶，成为全球市场上的"单项冠军"。

德国"隐形冠军"的成功依赖于特殊的时代背景和外部环境

站在2022年，特别是在俄乌战争爆发，欧洲因为制裁俄罗斯而陷入经济衰退之际，重新审视赫尔曼·西蒙教授的《隐形冠军：未来全球化的先锋》（原书第2版），我们会发现，在研究德国"隐形冠军"企业的成功之道时，西蒙教授非常关注企业内部因素，而忽视了时代背景和外部环境因素，存在一些研究视角上的盲区。在我看来，德国"隐形冠军"的卓越成功依赖于时代，也依赖于外部环境。我们至少要客观审慎地考虑以下五个因素：

第一，过去30年里，欧洲各国对俄罗斯廉价天然气和石油的依赖，降低了它们的生产成本，扩大了它们的利润空间，所以，它们才能养得起昂贵的研发人员、工程师和高水平的工人。

第二，过去30年里，快速成长的中国市场对德国精密机床、化工设备、汽车等的巨大需求，为德国企业创造了前所未有的机会，使得德国企业走出了"欧洲病夫"（1997年《经济学人》对德国的称呼）的困境。

第三，过去 30 年里，美国所主导的超级全球化所创造出来的市场机会，方便了德国中小企业的出口，为德国"隐形冠军"的国际化提供了机会。对于德国人来说，这种低门槛的出口和投资机会甚至可以追溯到冷战开始不久，美国通过马歇尔计划对德国经济进行援助的时候。

第四，过去 30 年里，先是欧洲统一市场，后来是两德统一、欧盟成立，东欧国家（波兰、乌克兰、捷克等）和土耳其的高素质廉价劳动力大量流入德国，同时德国在这些周边国家设立配套生产的工厂，采用近岸外包的方式，降低了生产成本，提高了德国制造（made in Germany）的竞争力。

第五，欧盟之内的 20 多个国家有共同的货币政策，但是，没有统一的财政政策。一旦遇到经济危机，德国可以凭借欧元贬值扩大出口；而其他国家，尤其是南欧的一些国家，特别是 PIGS（葡萄牙、意大利、希腊和西班牙），因为不能自主地掌控自己的货币政策，在很大程度上承担了欧盟发展的成本。从这点来看，德国占了很大的便宜。

综上所述，过去 30 年甚至第二次世界大战之后德国经济的繁荣在很大程度上依赖于以上德国人"想当然"（take-it-for-granted）的种种外部环境条件。而这些外部环境因素一旦发生剧烈改变，德国"隐形冠军"的神话很可能会破灭。这就提示我们，在研究中国"专精特新"企业的成功之道时，我们的眼睛不仅要向内看，把握企业内部的成功因素，也要向外看，对企业经营所依赖的外部环境有清醒的认知。

4

普通中小企业如何走上"专精特新"之路？

前言：新时代背景下中国"专精特新"企业的成长路径

"专精特新"这个概念孕育的时间可能长达20多年，只是2012年4月26日，在《国务院关于进一步支持小型微型企业健康发展的意见》的文件中，官方才首次正式使用了"专精特新"这个概念。2013年7月，工业和信息化部正式提出发展"专精特新"中小企业。从正式列入政府文件再到为公众所熟知，又经历了一个漫长的过程。而它的"大火"，一直要等到2021年下半年，特别是北交所推出之后。2021年下半年之后，政府之手明显表现出"两手都要硬"的感觉：一手是治理整顿某些平台公司、教培行业、娱乐圈、房地产等；另一手是大力扶持和发展"专精特新"中小企业。总之，"专精特新"企业已经成为国策之一。

从百度指数关键词搜索趋势上，可以看得更加明白（见图4）。至少有三个重要事件与"专精特新"的"大火"有关：一是2021

年 7 月 27 日，在长沙举行的全国"专精特新"中小企业高峰论坛上，刘鹤副总理致辞，强调"'专精特新'的灵魂是创新"。二是 2021 年 9 月 2 日，国家领导人在中国国际服务贸易交易会上宣布推出北交所，强调北交所的定位是服务于创新型中小企业。而作为创新型中小企业中的"尖子生"，专精特新"小巨人"企业引起资本市场的高度关注。三是 2021 年 11 月 15 日，北交所正式推出。在首批上市的 81 家企业中，有 16 家属于专精特新"小巨人"企业，大约 55％的企业都属于"专精特新"企业，由此正式开启了资本市场助力"专精特新"企业发展的道路。

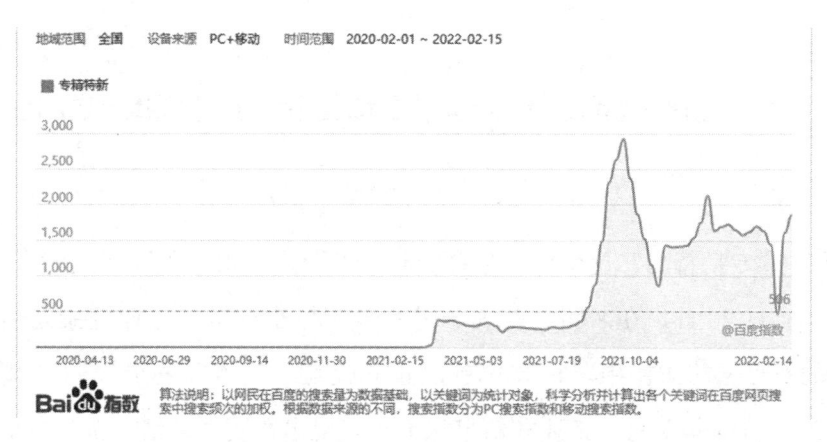

图 4　关于"专精特新"在过去两年内的百度指数关键词搜索趋势
（2022 年 2 月 16 日检索结果）

2022 年，各个地方政府的经信厅、经信局、各种投融资机构、各种创业服务平台（例如，正和岛、黑马创业等）开办了数以百计与"专精特新"有关的公众号。作为研究"专精特新"的学者之一，我每天接触到的关于"专精特新"的资讯五花八门、铺天盖地，令人目不暇接，甚至头脑发胀。

这些文章和资讯，或者以解读政府政策为主，或者以分析各地方经信局的统计数据为主，或者以报道"专精特新"企业的创业故事为主，或者以上市公司中已有的"专精特新"、"小巨人"或者"单项冠军"为样本，分析它们所在的行业板块、研发强度、盈利能力等，供股票投资和指数基金的编制研究之用。只有很少的文章深入分析了普通中小企业如何走上"专精特新"之路，以及成为"专精特新"企业之后路到底应该如何走。

在为数不多的理论分析文章中，宁波诺丁汉大学李平教授提出了"精一赢家"（也就是"专精特新"和"单项冠军"的统称）以及"T型战略"的概念。他强调，想要成为"精一赢家"，企业首先应该在核心技术能力上纵向做深，建立技术壁垒和品牌；然后借助共性关键技术尽可能多地横向拓展产品应用场景；最后再考虑市场多元化。此外，北京大学光华管理学院实践教授曹仰峰提出，大型企业应该积极参与"专精特新"企业的培育，坚持生态战略（平台＋"专精特新"），才能在未来的竞争中更有韧性，立于不败之地。

虽然我总体上认同"T型战略"的大致方向，但是，以我多年观察和调研企业的经验来看，中小企业种类繁多，参差各态，创始人的理念不同，内部资源不同，行业不同，所处地域环境不同，它们的发展路径很难简单化地概括为某种单一模式。另外，我非常认可大中小企业融通创新、产学研协同创新、平台＋"专精特新"的发展思路，也曾仔细搜寻和阅读相关的理论文献，在我看来，这方面的研究目前主要停留在理论思辨阶段，缺乏深入的案例研究，偶尔的一两篇文章也是缺乏实际工作经验的博士生在导师的指导下闭门造车写出来的，读起来非常枯燥，令人痛不欲生。

虎年春节之前，应有关机构的邀请，我就"专精特新"做了将近10场的主题演讲，积累了相对丰富的素材，所以打算围绕"中国'专精特新'企业的成长路径"撰写系列文章，以供那些有志于成为"专精特新""单项冠军"乃至"大冠军"的企业参考借鉴。本文重点讨论普通中小企业如何走上"专精特新"之路。根据工业和信息化部梯度培育体系，培育"专精特新"企业的第一步是：普通中小企业—创新型中小企业—省级"专精特新"企业—专精特新"小巨人"—"单项冠军"（"大冠军"或者领航企业）。万事开头难，迈好第一步非常关键。

《隐形冠军》对"专精特新"企业的启示

20世纪80—90年代，崛起于市场经济草莽之中的中国民营企业，对企业经营管理还是懵懵懂懂的。有的明星企业奉行砸钱打广告（例如，三株、太阳神、秦池、孔府家酒等），有的采用多元化战略"跑马圈地"，有的干脆祭起价格的屠刀攻城略地（例如，彩电行业大战），最后大多遭遇惨败。在这种情况下，一些中国内地企业开始有意识地借鉴发达国家企业发展的经验。它们远学英美德日，近学日韩，尤其是学习借鉴同文同种、语言交流方便的中国台湾和香港企业。

2001年，中国加入WTO之后，人们惊呼"狼来了"，企业竞争环境发生很大变化，中国企业家急需正确的理论指导。恰好此时，德国赫尔曼·西蒙教授提出的"隐形冠军"的理论被翻译引入中国，介绍了一种与大型企业的经营管理之道完全不同的思路和榜样。1992年，西蒙在《哈佛商业评论》上第一次发表了关于"隐形冠军"的文章，然后，1996年成书，2000年被翻译引进国内。经过国内一些战略学者的推广普及，"隐形冠军"理论逐渐深入企业家的内心。其中，康荣平、柯银斌、许惠龙还在借鉴《隐形冠军》的基础上，基于中国本土的实战案例，于2006年出版了《冠军之道：利基战略设计与实施》。一些中国企业家在这些出版物所传播的理论的影响下，有意识地选择了在某个细分市场领域做精做深做细，为龙头企业做配套，融入全球产业链和供应链的战略，所以才有机会发展成为今天的"专精特新"和"单项冠军"。

例如，位于宁波余姚的舜宇光学，今天已经成为著名的"单项冠军"企业。而1984年王文鉴开始创业时，一路摸爬滚打，不断试错。创业将近20年之后，也就是在2003年前后，舜宇光学才借助外脑（上海华彩管理咨询公司）真正确立了"名配角"的发展战略，甘愿做国际大厂（三星、索尼、苹果等）名主角的名配角，这才成就了舜宇光学今天在全球光电行业的领先地位。另外，根据工业和信息化部与中国工业经济联合会的统计，它们所评选的600多家"单项冠军"企业的平均历史大约为21年，刚好从另外一个侧面证明了中国企业对"专精特新"道路的选择和《隐形冠军》一书在中国传播之间的时间一致性。

一家普通中小企业或者创新型中小企业如何走上"专精特新"之路呢？虽然德国的商业环境与中国很不同，所处的发展阶段也很不同，另外，2022年与1992年相比，世界已经发生了天翻地覆的变化，但是总的来说，按照西蒙所提出的"隐形冠军"的理论来指导企业的发展，大概率可以顺利走上"专精特新"和"单项冠军"之路。

为了更生动地、更具体地说明"隐形冠军"成长之道，也就是西蒙所总结出来的三个圈和九条经验（见图5），我特别选择了山东豪迈集团（以下豪迈科技、豪迈机械根据情况混杂使用）进行案例拆解，帮助普通中小企业理解如何走上"专精特新"之路。西蒙所提出的从内向外的三个圈分别是：核心圈（强有力的领导、雄心勃勃的目标）、内圈——内部综合素质（持续创新、依靠自身力量和精选的雇员）、外圈——外部机遇（狭窄的市场焦点、全球目标、密切的顾客关系、竞争优势）。

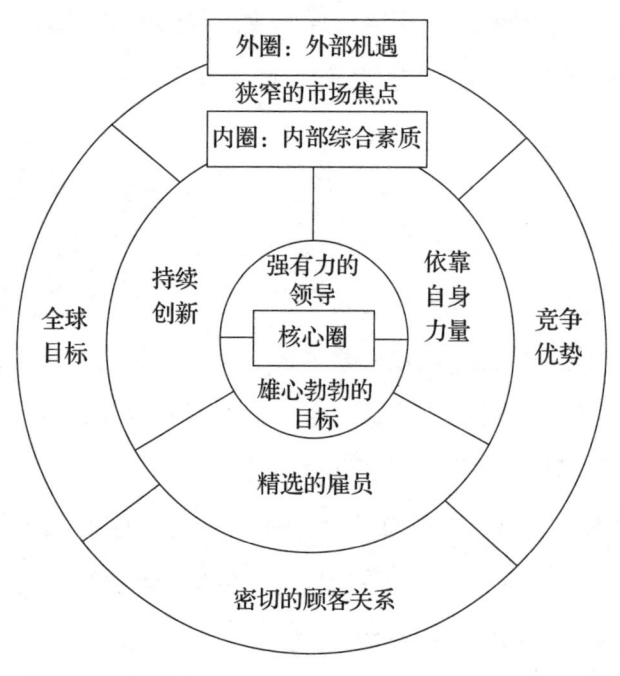

图5　西蒙所总结出的"隐形冠军"公司的三个圈和九条经验教训

豪迈科技的发展历程

豪迈科技位于山东高密，也就是诺贝尔文学奖获得者莫言的家乡。创始人张恭运，1983年毕业于山东工学院机械制造专业。同年8月，张恭运响应国家号召，报名支边，在新疆轴承厂工作。1988年6月，他在高密锻压机床厂工作。1995年，他辞去机床厂副厂长职务，创办高密第一家乡镇企业改制的民营企业——山东豪迈机械科技股份有限公司，任党委书记、董事长。2009年，他创办豪迈集团股份有限公司，任党委书记、董事长。

历经28年，张恭运和他的创业团队从一个仅有34名员工和100万元资产、负债率高达96%的破产乡镇企业维修车间起步，发展成了一家拥有员工20 000名，总资产超过110亿元，有1家上市公司、4家高新技术企业、30多家分子公司的集团公司，成就了轮胎模具、气门芯、风电变速箱零件、深海结构件等多项世界"隐形冠军"。豪迈科技曾经七次上榜《福布斯》，被评为"最具发展潜力企业"，荣获国家首批制造业"单项冠军"示范企业、国家技术创新示范企业、国家知识产权示范企业、全国质量标杆等荣誉称号。

作为一家从乡镇集体所有制企业改制而来的民营企业，过去28年的发展历程基本上可以分为三个阶段：求生存（1995—2002年）、求温饱（2002—2009年）和求发展（2009年至今）。

创业前7年里，豪迈机械基本上处于饥不择食、找食吃的求生存阶段。用张恭运的话来说，"凡是与铁制品加工有关的业务，只要有利可图，我们都做"。例如，给别人加工大铁门或者鼓风机风扇这种活儿他们也干过。真正的转折点发生在2002年，那一年张恭运放弃了一个3 000万元的机床配件的大订单，而进入轮胎模具这样一个细分市场。在不到10年的时间内，豪迈机械超越了国内外的竞争对手，成为该细分行业的世界冠军，使我国由轮胎高端模具的进口国变为出口国。

2007年，张恭运意识到世界制造业正在加快向中国转移，确立了"国际化、多元化"的经营战略，并借助与通用电气公司合作的商机，高起点地进入世界高端零部件制造市场。2012年，伴随国家海洋强国战略实施，张恭运将海洋工程装备制造确定为重大战略方向，以承建全球最大油气服务商斯伦贝谢公司MV30项目模块为契机，成功进军大型海工模块领域。2019年，张恭运以成功研制的微管道式反应器（一项可能颠覆化工行业的突破性创新）为基础，做出建设国内首个连续流微反应技术应用示范基地，打造山东精细化工产业新高地、世界高端制造业竞争制高点的战略部署。

2020年，根据习近平总书记"推动形成以国内大循环为主体、国内国际双循环相互促进的新发展格局"以及山东省关于新旧动能转换的战略部署，豪迈集团着手布局战略转型，主要发展和布局在五个方面：天然气压缩机国产化、海洋工程装备国产化、连续流精细化工装备国产化、高端国产热交换器系列化和规模化、精密机床关键功能部件的国产化等，力争在高端装备制造关键领域（特别是在"卡脖子"基础工艺、装备等领域）实现重大突破，助推制造强国建设（见图6）。

图6 豪迈科技生产的轮胎模具

豪迈科技在一手抓产品创新的同时，另一手抓国际化经营战略，努力创建国际一流企业。目前，豪迈科技在美国、泰国、匈牙利、印度、印度尼西亚、巴西设立 6 家海外公司，与美国通用电气、德国西门子、法国米其林等 20 余家世界 500 强企业深度合作，产品外销与内销比例为 4∶6，在国际市场竞争中体现了中国力量。

豪迈科技案例分析

张恭运有没有读过西蒙的《隐形冠军》一书，我不知道。但是在分析豪迈科技创业之初的历程，尤其是 2002 年的关键转型过程中，读者会发现豪迈科技在商业机会选择、发展战略、管理经营等方面和"隐形冠军"的理论非常契合。

第一，狭窄的市场焦点。豪迈科技为什么会选择轮胎模具？这是因为，虽然轮胎市场是每年几百亿级的大市场，但是，轮胎模具只占整个轮胎成本的 2% 左右，市场份额只有大约 30 亿元，这样一个"不大不小"的细分市场，国际大公司不愿做、看不上，而一般小公司又做不来，因为它有较高的技术壁垒。同时，轮胎模具是一种耗材，只要稍微修改一下轮胎上的文字、花纹、防水等，厂家就必须更换新的轮胎模具，所以轮胎模具的生产有可持续性、需求旺盛而且稳定的特点。

简单地说，企业如果想成为某一细分行业的"专精特新"或者"隐形冠军"，必须有意识地选择一个四位数的利基市场（例如，轮胎模具制造的行业代码为 3525），这种利基市场的全球容量一般在

30亿～50亿元间，可以满足"大公司不愿做，小公司做不来"的特点。如果能在这样一个细分市场上，经过多年的努力，获得50%以上的市场份额，对于一般的中小企业来说，就有了市场定价权，就可以活得比较滋润了。

第二，雄心勃勃的目标。所有能成为冠军企业的都有一个特点，就是怀抱"只做第一，不做第二"的远大目标，至少"只做国内没有的、别人无法替代的"。这个战略目标始终牢牢地牵引着企业的发展，企业不能朝三暮四，必须"咬定青山不放松"。如同具体而明确的目标可以激发一个人的潜力一样，它也可以激发一个中小企业的快速成长。

经过20年的发展之后，豪迈科技已经在多个细分产品领域成为世界冠军，包括轮胎模具、气门芯、风电齿轮箱部件、深海采油结构件等，国际市场占有率均在30%以上，国内市场均占55%左右。随着豪迈科技国际化的发展，这个市场占有率还有继续提升的空间。特别是，豪迈科技的产品品质上乘，赢得了关键客户的信赖，使得豪迈科技在市场上有了一定的定价权和话语权。

第三，强有力的领导。西蒙的研究表明，很多"隐形冠军"企业的领导人是谦逊的、低调的、务实的、不张扬的，同时又是专注的技术狂。张恭运经常被熟悉他的人形容为"家里蹲"，非常低调。他没有专车司机，也没有独享的办公室，一年四季穿的都是工作服，平易近人。用张恭运自己的话说，"唯一爱好就是工作"。

豪迈科技很少对媒体开放，也甚少接受企业参访。2021年12月22日，我和国内最大的企业家平台正和岛一起参访了豪迈科技。当晚，在豪迈科技园区的门口，门卫问我找谁，我说："今天晚上约好了与张总吃饭。"门卫拿出手机，直接拨打了张恭运董事长的电话，这个细节令我对豪迈科技的扁平化管理印象深刻。

豪迈科技的经营管理，强有力的个人领导力是一方面，更为重要的是注重以企业文化引领，搭建"人合资合"创新创业理想平台。豪迈科技鼓励全员创新，营造"改善即是创新、人人皆可创新""鼓励创新、宽容失败"的创新氛围；树立"有用就是人才、人人皆可成才"的人才理念，以及"工作着、学习着、进步着、创造着、收获着、快乐着"的工作理念。目前，豪迈科技有2万多名员工，从公司组织结构来看，从总经理到车间主任也就是四五个层级，尽可能地采取了扁平化设计，减少了层级制所带来的沟通成本。

第四，持续创新。德国"隐形冠军"企业发展的秘诀可以简单地概括为两条腿走路，就是持续创新加上国际化。持续创新就是在技术和产品上纵向挖掘，而国际化就是在市场上横向拓展；持续创新更是国际化的基础，国际化的规模效应所带来的丰厚利润也促进了持续创新。豪迈科技鼓励全员创新，认为持续改善就是创新，人人都是有用之才。但是，在鼓励创新、控制风险上，它找到了自己独特的办法。它鼓励每名员工立足本职岗位提出改善建议，然后由创新专员在月底归纳总结改善建议并且上报。提出改善建议的人并不一定有解决问题和改进品质的能力，在这种情况下，由专门的改进小组负责具体的改善工作，它对整个创新过程分段控制，逐步投入资源，一旦失败或者发现风险过高，就及时止损。按照这样一套创新管理的方法，豪迈科技的渐进式创新的成功率高达70%以上。

第五，依靠自身力量。过去30年里，美国公司高估了技术创新的价值，而低估了生产制造环节的复杂性和所蕴含的价值，它们把大量的生产制造环节外包到了中国和其他发展中国家，这造成美国产业的空心化，其制造能力下降，普通工人失业率上升，收入停滞，贫富分化。相反，德国和日本的公司较少外包，保证了产业链的稳定和安全。尤其是德国的"隐形冠军"企业，它们尽可能地自己制造机器设备和配件等，很少假手外人，防止了知识外溢，同时也保证了产品质量的高可靠性和稳定性。类似地，豪迈科技60%~70%的数控机床都是自制的，只有极少数大型数控机床是从德国和日本采购的。正是这种持续不断的现场改进，让豪迈科技成为中国高端制造业的典范，入选工业和信息化部第一批"单项冠军"企业。

这不由得让我联想起10多年前，当富士康遭遇员工二十几连跳时，我就提出制造也是企业的核心竞争力，不应该被忽视和低估，因为制造环节里面包含了大量的复杂知识和技术诀窍，需要在车间里积累，很难为外人所洞悉。而所谓的产业链上的"微笑曲线"（研发设计—生产制造—营销和流通）即使不能被彻底拉平，也可以大幅缩小。时至今日，富士康在苹果等的产业链中的议价能力已经很高了。从OEM（原装设备制造商，也就是代工企业）开始，然后变成ODM（原始设计生产商），最后自创品牌变成OBM（原始自有品牌商），这条路已经被许多中国企业证明是完全走得通的。

第六，精选合适的员工。不管是德国的"隐形冠军"企业，还是中国的"专精特新"企业，所需要的员工并非学历越高越好，而是要找到合适的人才，包括技能和态度。类似德国的"隐形冠军"企业，中国的许多"专精特新"企业身处二三线城市甚至是县城，发展初期很难吸引到高素质人才，只能在发展过程中边使用边培养，以内部提拔为主，逐步做到员工的价值观和能力与工作岗位以及企业发展目标之间的匹配。豪迈科技特别重视价值观统一和游戏规则的制定。

张恭运创新性地提出做企业就是做平台,"把企业办成让员工实现自我价值、奉献社会的理想平台"。为了让员工能安心工作,豪迈科技花巨资修建了幼儿园、小学、初中、高中、技校、医院等,甚至组建了自己的出租车公司(近年才出售)。这里面虽然不乏企业办社会的苦衷,但是也的确让豪迈科技保持了对人才的吸引力。相比当地其他企业,豪迈科技员工的离职率达到了当地平均水平的一半以下。稳定的人才队伍,就使得员工在生产线上积累的知识和经验可以传承下去,有助于持续创新和改善。

如果我们把眼光稍微放宽一些,就会明白豪迈科技的成功也与它所处的环境有关。山东潍坊是一个教育高地。潍坊有 64 所各类职业学校、28 万在校学生,每年 5 万毕业生,当地发达的职业教育也为豪迈科技提供了源源不断的基础性人才(见图 7)。不同于别的很多地方,潍坊政府主要不是依靠房地产市场带动经济发展,而是依靠实体经济。当地房价每平方米只有六七千元,所以当地职业院校或者高中毕业生很少外出打工,可以安心在当地就业并且做好本职工作。而其他高房价的城市,如果想要发展"专精特新"企业,光是高房价就是一个巨大的障碍,但可以想办法借鉴潍坊的这种做法。

图 7 豪迈科技职业教育园区

第七，密切的顾客关系。西蒙研究发现，德国"隐形冠军"企业80%以上都是从事2B业务，而且是通过直接销售的方式，所以在心理上和地理空间上，它们与自己的关键客户非常近。许多"隐形冠军"企业经常通过频繁的技术交流，深度参与到关键客户的新产品开发之中，与客户共同成长、一荣俱荣、一损俱损。

目前，豪迈集团已经在海外六个国家进行了布局，牵引其进行国际化的原则之一就是客户导向。当问及为什么豪迈集团要在泰国和印度尼西亚设立全资子公司时，张恭运告诉我："因为泰国和印度尼西亚有丰富的橡胶，所以许多轮胎企业都在泰国和印度尼西亚设厂。为了快速敏捷地服务我们的客户，提供轮胎模具和气门芯等，我们必须就近设厂，减少运输成本和时间，只有这样才能更及时地响应客户的需求。"

第八，全球目标。德国的国内市场空间非常有限，所以很多德国企业天生就是全球化的。根据西蒙的研究，一旦走出国门，国际市场容量大概是国内市场容量的11倍以上，所以德国"隐形冠军"企业习惯了尽早进军海外拓展业务。中国则与此很不同。中国是一个超大规模的市场，中国企业习惯于先在国内市场上攻城略地，更多的是采用直接出口或者间接出口的方式进行国际化开拓，而非对外直接投资或者采取并购的方式。德国"隐形冠军"企业海外分支机构平均多达30个，而豪迈集团目前只有6个。在国际化方面，豪迈集团还有很大的提升空间。

第九，建立竞争优势。当我们提到"隐形冠军"时，很多人简单地把"隐形冠军"等同于在全球市场上市场份额至少占据前三，或者在某块大陆上占据第一。事实上，对于"隐形冠军"企业来说，更重要的是技术标准、品牌、市场定价权和话语权以及行业影响力等。这是因为,市场份额的多少,很大程度上可以通过低价倾销获得,而"隐形冠军"企业更看重的是市场领导力,它们制定行业的技术标准。

豪迈集团拥有国内注册商标 21 项、国际注册商标 39 项,是工业和信息化部工业品牌试点企业、山东省百年品牌重点培育企业、山东省"厚道鲁商"品牌企业,其产品为山东名牌产品,上榜"山东省装备制造产业品牌价值 10 强"。公司专利申请量和授权量居同行业首位。同时,公司积极进行国际专利布局,在"走出去"的过程中更有底气,目前累计申请专利 1 289 项,其中授权专利 890 项(发明专利 165 项),申请国际 PCT 专利 25 项(授权 15 项)。

第十,软性多元化、多种产品经营。在某个细分市场上登顶冠军宝座之后,"专精特新"企业或者"隐形冠军"企业接下来如何发展?按照西蒙的观点,最好是在合适的时机,在与自己核心技术能力相临近的领域,再选择一个细分产品,按照"隐形冠军"方法论进行复制。他把这叫作软性多元化或者多种产品经营。

分析豪迈科技案例,我们会发现,豪迈科技 28 年来一直专注机械制造,形成了自己的共性关键技术,然后逐步进入多个应用场景,从单个细分市场的冠军成长为多个细分产品领域的冠军。张恭运曾经给我打过一个比喻:从第一种拳头产品(轮胎模具)到第十种产品(例如,连续流微通道反应装置或者数控机床的关键部件国产化),看似产品差异非常大,但豪迈科技是一个脚印一个脚印走过来的,每次都可以应用以前所积累的机械制造经验,所以底层关键技术是相通的,这样的话,企业经营的风险就比较小。

此外,豪迈科技不仅在产品上进行创新,也在商业模式上进行了创新。豪迈科技正在发展服务型制造,开创了"覆盖轮胎模具全生命周期的制造业服务化"新商业模式，为客户提供轮胎模具整体解决方案，成为2021年山东省服务型制造示范企业。类似的情况也可以参考浙江宁波的"单项冠军"舜宇光学所提出的两个转变的战略——从光学产品制造商向智能光学系统方案解决商转变，从仪器产品制造商向系统方案集成商转变。

结语：关于豪迈科技股票的题外话

我在海南大学讲课时，听众中有人现场查看了豪迈科技的股票（见图8），并且提出一个很现实的问题："能否从豪迈科技股票的表现，判断该公司是否是一家优秀的公司、是否值得投资？"

图 8　豪迈集团股东大会

首先，豪迈集团下属多家子公司，除了豪迈科技是上市公司之外，还有豪迈制造、豪迈化工、有道化学和有泉新材料，目前还都没有上市。本案例中所提及的很多新产品，例如，连续流微通道反应装置是属于豪迈制造的。其次，豪迈集团的股权结构很有意思，董事长占35%，管理层占50%，基层员工占15%，体现了张恭运

"办企业就是办平台"的理念，建立一个"人合资合"创新创业的理想平台。但是，上市公司豪迈科技的股权结构与此不同，豪迈科技的流通股相对比较有限，机构手里的筹码有限，所以，熟悉豪迈科技的某投资者评价说："其股票股性不活，每天的交易量也就几千万元。"豪迈科技的股价长期以来在20～36元间震荡。但是，按照张恭运的说法，豪迈科技每年通过分红和股票波动，投资人也能有10%左右的投资回报率。

在我看来，豪迈集团是一家优秀企业，是中国制造业的脊梁，但是，豪迈科技在股票市场的表现并不是那种能让股民可以获得丰厚回报的公司。豪迈科技多年来的股票表现，可以给我们如下启示：第一，绝大多数"专精特新"企业或者制造业"单项冠军"因为主要是做2B的业务，不为一般的投资人所了解，其价值在中国股市上以前被低估了；第二，"专精特新"企业的发展需要甘于寂寞，坚守长期主义，精益求精，最后才能守得云开见月明。

5

讯达的专精特新"小巨人"成长之路 *

引言

2021年7月，北京讯达科技股份有限公司（以下简称讯达）双喜临门：一是工信部公布了第三批专精特新"小巨人"企业名单，讯达成功入选；二是讯达联合其他公司所投资的5G移动终端用射频声表芯片生产基地项目正式落户浙江湖州，该项目将建设成以声表面波器件的研发、制造、销售及服务为一体的生产基地。项目达产后，将形成年产20亿块声表芯片的生产能力。

在湖州项目开工典礼上，听着欢快的庆典音乐，看着鲜红的"开工典礼"四个大字，讯达董事长董铭和总经理张军思绪万千。回想18年的艰辛创业路，讯达从一个只有他们两人的草台班子，

---

* 因为商业保密要求，我对案例中相关企业名称和人员姓名做了掩饰性处理。另外，该案例的开发是团队合作的结果，北京师范大学经济与工商管理学院周江华老师和中国人民大学商学院曾凯博士对本案例亦有重要贡献。

成长为如今拥有近400名员工的规上企业，从仅有一条实验线到如今拥有多个生产基地。湖州项目的上马，更是让公司迈上了一个新台阶，在声表面波芯片的民品领域实现规模优势。

但是，公司也面临很多问题和挑战，时刻提醒着两位创始人继续谋划实干。特别是，2017—2018年，公司现金流紧张、差点倒下的景象让人想起来仍然后怕。公司虽然在军品领域处于领先地位，但是在民品领域的品牌和市场地位亟待加强。18年来，公司在产品研发方面，从无到有，从弱到强，很大程度上依靠外援"借鸡下蛋"，现在已经到了一个需要系统性构建更加强大的创新研发队伍和研发体系的关键时刻。那么，如何吸引更多高水平的芯片设计人员和高技能工艺人员？如何对专利和商业秘密进行更好地布局，从而提升公司核心竞争力？特别是，公司以前没有大规模生产20亿块芯片的生产管理经验，如何提高湖州项目的良品率？等等，这些都是公司未来发展中的"拦路虎"。

虽然问题很多，但是办法总比问题多。创业不就是抓住机会、解决问题的过程吗？两位创始人始终相信只要保持"关关难过关关过"的良好心态，经过长期的马拉松甚至超级跑之后，一定能够让讯达在专精特新"小巨人"的道路上越走越远……

背景信息

公司背景信息

讯达在成立之初便立足微电子行业，致力于微电子器件（以声表器件为主）、微波组件、通信系统集成等相关产品的研发和生产，现在已发展成为一家具有自主研发能力的高新技术企业。2010年11月18日，公司成功登陆"新三板"，成为中关村科技园区第75家挂牌企业，股票代码为4300XX。

成立18年来，讯达始终以"实业报国，从芯做起；激情进取，追求卓越"为宗旨，凭借领先的产品设计、优质的客户服务、规范的运行机制和科学的投资管理，逐渐成为国内声表行业电子器件制造的知名企业。

产品类型方面，公司已开发的声表面波系列产品频率覆盖范围广，累计开发3 000多个频点，封装形式囊括市场上所有形式，广泛应用于移动通信、导航定位、物联网、汽车电子和多媒体等系统。技术水平方面，公司在芯片设计、射频模拟仿真软件、晶圆加工生产及封装方面都拥有自主知识产权。目前，公司拥有各类知识产权175项，仅在声表面波技术方面就拥有相关专利93项。

行业地位方面，讯达拥有13项高新技术资质荣誉，如国家高新技术企业、专精特新"小巨人"等。在射频芯片领域的民营企业中，讯达是为数不多的军工资质齐全的企业之一。作为一家高新技术企业，讯达具有中小企业富有活力、善于创新、经营灵活、反应敏捷的特征。讯达坚持以市场需求为导向，以客户为中心，加大创新投入，加快技术成果产业化应用进程，实现了与行业龙头协同创新、产业链上下游协作配套的目标。

"十四五"期间，工信部启动优质企业梯度培育工作，力图培育1万家国家级的专精特新"小巨人"，而讯达从4 300万家默默无闻的中小微企业的草莽之中脱颖而出，成为仅有1.2万余家成员的专精特新"小巨人"家族中的一员。直到此时，讯达的创业团队走了整整18年。

行业背景信息

讯达所在的声表面波领域结合声学和电子学两门学科。声表面波技术是 20 世纪 60 年代末期发展起来的一门新兴技术。声表面波滤波器是利用压电基片的压电效应和表面波传播的物理特性制成的一种射频芯片，其主要特点是：设计灵活性强、模拟/数字兼容、群延迟时间偏差和频率选择优良、输入输出阻抗误差小、传输损耗小、抗电磁干扰（EMI）性能好、可靠性高等。其特征和优点正适应了现代通信系统设备以及移动通信对轻薄短小化和高频化、数字化、高性能、高可靠性等方面的要求。

目前，声表面波滤波器主要应用在智能手机通信、导航（GPS、北斗等）、WIFI 等无线通信领域。同时，声表面波滤波器也在不断向小基站、物联网等领域快速拓展。随着物联网技术在汽车电子、智能家居、工控医疗等方面的普及，声表面波滤波器的需求也将进一步释放。根据 Resonant 的数据，到 2025 年，射频前端市场规模将达到 400 亿美元，其中声表面波滤波器市场规模将达到 280 亿美元。未来，声表面波滤波器将是射频前端芯片中市场规模增长最快的细分领域。

在声表面波滤波器市场，日本村田、TDK，美国博通和 Skyworks 等几家跨国公司几乎垄断了全球高端声表市场，占据全球市场份额的 95% 以上。目前，我国在手机声表等移动终端领域主要以进口为主。基于当前产品供不应求的状态及国内定制服务优势等因素，声表器件国产化市场空间巨大。

早期工作和创业经历

两次放弃"铁饭碗"

1995年,张军从河北地质学院毕业,后被分配到上海的一家国企工作,成为一名技术员。刚步入工作岗位的张军信心满满,本以为大学里学习的知识终于有了施展的舞台,但现实却给这位初出茅庐的大学生出了一道难题。到了工作现场,张军发现理论和实际天差地别:公式、定理都是在理想状态或者简化条件下推导出来的,可实际环境却是千差万别。为了解决现实问题,技术员张军一头扎进工地,遇到不懂的问题,一定要打破砂锅问到底。靠着钻研精神,张军很快适应了新的环境。

20世纪90年代,我国大学生比例还不是很高,张军周边的同事接受过系统理论培训和学习的不多,主要是凭借多年积累的经验开展工作。而张军在大学时期就热爱钻研,打下了较为扎实的学科基础。工作后,张军根据工地实情不断对理论进行再认识,总结规律,逐渐形成了一套理论联系实际的方法。正是凭借着扎实的学识和刻苦的劲头,张军很快便从基层技术员被提拔为项目工程师,再到项目负责人。

作为项目负责人,张军的工作重心转向管理。从员工的一日三餐到人员配置和激励,再到项目进度的把控,张军都亲力亲为。回忆这一段经历,张军感慨地说:"其实这就相当于一次创业啊。"即便如此，在承担管理工作的同时，张军也没有丢下技术。技术背景出身的张军仿佛对技术有种天生的执着，后来这种执着精神也被带进了讯达，这也解释了为什么讯达始终把技术放在第一位。

2000年，张军辞去了在上海的工作，进入某水文地质与环境地质研究所工作。研究所的运行模式和工作氛围与张军的期待有些偏差。事业单位稳定的工作模式对其他人来说是"铁饭碗"，但是在张军这里却是"有劲儿使不出来"，让他觉得一眼可以看到头，缺乏挑战。恰好此时，张军的老同学董铭提议去北京闯荡一番。经过深思熟虑之后，张军辞去了这份稳定的工作。2003年"非典"之后，他踏上了去北京的火车。

入伙初创公司，无奈分道扬镳

初到北京，张军和董铭加入了一家初创公司——飞鸿。飞鸿成立于2000年，主要做声表面波元器件等业务。基于前几年的管理经验，张军被分配负责公司的内部管理工作，担任办公室主任一职（后升迁为副总经理）；董铭则负责开拓市场。2004年前后，飞鸿抓住了不错的机会，拿下了多个订单合同。在众人合力下，飞鸿快速发展。

但是，飞鸿有自己的创业团队，已经形成了自己的企业文化，张军和董铭一直努力适应，却未能完全融入。最终，因为与创始人理念不合，张军和董铭决定独立创业，于是两人一起离开了飞鸿。

自主创业，从树立远大的理想和价值观开始

在飞鸿的两年工作经历，让张军和董铭认识到声表面波市场的巨大潜力，所以他们选择继续深耕该行业。2005年9月的一天，在北京中关村一间简陋狭小的办公室里,他们注册了一家科技公司——讯达,开始了独立创业的艰难跋涉。董铭担任董事长,张军担任总经理。创业伊始,两位创始人就将讯达的宗旨定为"实业报国,从芯做起;激情进取,追求卓越"。这个宗旨既体现了创始人的爱国情怀,又体现了创始人对创业的激情,还体现了讯达对卓越技术的追求。

初心不改十余载,"小巨人"成长之路

初创阶段,一单一单打游击

成立之初,讯达没有任何成熟的产品,只能是以客户为中心、以订单为中心,有啥就做啥。为雪龙号南极科考船的信道化接收机做配套是讯达承接的第一个重大项目。雪龙号南极科考船只需要两套信道化接收机,而配套两套接收机的利润空间很小,但要求还特别高,因此很多大公司不愿意接这个项目。董铭听到这个消息之后,积极主动联系雪龙号南极科考船负责人,最终拿下了这个项目。

一开始,讯达没有专业设备,也没有自己培养的专业技术人才,两位创始人本身也不是芯片设计专业出身,所以,他们只能依靠外部合作来完成这个项目。他们首先找来行业内专家画出设计图,然后租用某科研院所的实验室进行制作和装配。3个月后,两人成功完成了这个项目,讯达也赚到了第一笔钱——20多万元的

利润。总之，创业初期，讯达就是靠着努力争取和完成一单一单的项目存活下来的。

虽然这样一单一单地做项目的利润很不错，但两位创始人清楚地知道，公司如果没有核心技术和独立研发能力、没有成熟的产品系列，是很难可持续发展的。于是，在积累了两年之后，2007年，讯达拿出全部家底，投入200万元，开始筹备自己的生产线，建成了一间超净间和一条小生产线。由于资金有限，第一条生产线甚至还称不上是生产线，用实验线形容更为适合。但两位创始人还是喜出望外——公司终于开始走上独立生产和自己开发技术的道路。

可以说，创业前5年，董事长董铭是公司最大的市场"业务员"，而总经理张军是公司最忙的问题"终结者"。不管在外部市场开拓上还是在内部企业管理上，两位创始人都通过亲自示范、言传身教、躬身入局，为员工树立了良好的榜样，促进企业健康发展。凭借着优质的服务和产品，张军和董铭度过了创业公司的生存期。

挂牌"新三板"，经营步入正规化

2010年，国家为了支持高新技术企业的发展，在多个高新技术园区试点"新三板"。"新三板"为中小微高新技术企业开拓了新的融资渠道。

北京市相关主管部门建议讯达登陆"新三板"。对此，公司创业团队内部有分歧，主要是因为大家并不看好"新三板"的发展，特别是当上市还需要投入100多万元的成本时，大家觉得这么多的钱用到项目上才是正事。不过，当了解到登陆"新三板"虽然并不是真的上市，但是具有上市公司的融资功能和管理方式时，张军坚持认为"讯达应该上'新三板'"。这是因为，公司要想进一步发展，必须扩大产能，实现产业规模化，这就需要充足的资金。

2010年11月，讯达正式挂牌"新三板"，股票代码为4300XX。借助"新三板"，讯达顺利融到近2 000万元资金，这给讯达注入了强大的发展动力。上市之后，讯达开始了规范化管理和规模化经营。利用上市获得的融资，公司购买新设备，建立生产线和培养研发团队。一方面，讯达在北京凤凰岭地区建生产线，添置国产手动版集成电路、镀膜和光刻等设备，进一步扩大军品产能；另一方面，讯达在南京投资建厂，为之后进入声表面波的模组市场打下基础。自此，讯达拥有了属于自己的厂房，也有了比较完善的生产线。

有了第一次融资经历之后，两位创始人的胆子也大了起来。张军说："以前不敢投资的项目，现在有了资金，就可以投资研发了；以前不敢接的订单，现在产能也能满足客户需求了。在人才培养方面，讯达也开始构建自己的人才体系。"

拓展阶段，军品、民品齐头并进

2010年以前，声表面波滤波器在民用市场的应用还不广泛，因此，讯达主要服务于军品市场。随着通信技术的进步和全球移动终端的增加，射频声表器件在民用市场的需求量迎来爆发式增长。正是看准这一趋势，公司于2012年抓住时机，进入民用领域，开始大胆试水。

2012年，讯达了解到位于深圳的一条原属日本三洋公司的声表面波生产线有意出售。董铭和张军察觉到这是讯达进入民品市场的一个重要机会。虽然该生产线当时生产的是模拟电视机的中频滤波器，而这一块市场正在萎缩，但这条生产线具备完整的声表面波生产流程，可以改造为通信滤波器生产线。更为重要的是，生产线上所配置的技术人员是讯达可以直接接手的，这对于扩大公司研发队伍具有重要意义。几经磋商谈判，讯达最终买下了这条生产线。随后，讯达将生产线改造成民品基站直放站、基站配套声表面波滤波器生产线，直接为华为、中兴和海能达等企业提供通信模组。

在民品市场，无线滤波器的使用范围非常广。例如，船只防撞、记录行驶、对讲机等常规的无线通信，一般都会用到这种滤波器。此外，无线滤波器的一种重要应用是无线麦克风。搭载了声表面波滤波器后，无线麦克风可以克服有线麦克风使用中经常出现的刺啦刺啦的噪声，因此广受各大KTV的青睐。借着国内KTV快速发展的东风，讯达的滤波器销量快速增长，甚至实现了大量出口，出口到了欧洲。借由消费电子市场起飞的契机，讯达正式进入民品市场。

相较于国外大厂，讯达最大的优势就是快速响应客户需求，能够迅速提供小批量的产品。通常，如果客户选择国外大厂，从订货到产品到达，交货周期长。但讯达能够快速响应和调货，并且负责产品的配送。如果客户与讯达合作，将大幅缩短交易时长。此外，讯达的另一个优势是提供个性化服务。国外大厂为了实现规模化生产，只生产特定型号的产品，因此，客户只能从国外大厂所提供的清单中选择性购买。而讯达可以结合客户的需求，为客户提供个性化产品。

当然，在民品市场，讯达也存在明显的劣势。首先，讯达的生产线规模较小，产能较低，因此只有订单量较小的客户才会选择该公司的产品。如果客户的订单量很大，公司的产能就无法满足需求，因此，这类客户往往选择国外大厂的产品，例如日本的村田制作所、TDK株式会社等。

其次，讯达进入民品领域的时间较晚。2012年之前，讯达一直聚焦于军品市场，进入民品市场后发现竞争对手早已完成布局且占据稳固的市场地位。即使讯达通过射频声表器件打开了某些特定类型的民品市场，但由于知名度低、产能低等，在竞争中仍然处于劣势。

基于这种情况，讯达制定了军品和民品齐头并进的战略，也就是以声表芯片为主业，同时发展军品和民品两个应用领域，即"一体两翼，协同发展"。其中，军品蕴含了公司的核心技术，是公司发展的生命线；民品则是将来可以做大的领域，与军品相互补充、彼此促进。

但是，公司在两个市场中的发展并不均衡。在军品市场，讯达拥有比较大的竞争优势，市场占有率达到35%左右；在民品市场，讯达的知名度还较低，客户资源也较少，市场占有率仅有2%左右。另外，在声表面波滤波器的民品市场，中国企业的总体竞争力不强，全部中国企业加起来在国内市场的占有率只有7%~8%，大型订单则被国外公司所垄断。因此，在民品市场，讯达还有很长的路要走。

困难时期，公司差点倒下

2017—2018年，因为投资过快以及市场原因，讯达的资金链出现问题。加上当时"新三板"市场交易清淡，整体上不被外界看好，公司的估值不高，所以，公司再融资遇到相当大的困难。而银行也不愿放贷，公司经营一度陷入困境。在那一年多时间里，两位创始人压力非常大，董铭一夜之间白了头，而张军每天靠读书、跑步、写诗，苦熬过了这段艰苦时期。

转机的出现，在很大程度上要感谢美国总统特朗普所发起的贸易战。这一战打醒了中国，让芯片行业的国产替代成为全社会关注的热点。再加上节衣缩食，对内精细化管理，对外全力以赴争取订单，讯达终于争取到了外部融资和银行贷款，渡过了难关。每当想起这段艰难时期，两位创始人都心有余悸。

上马湖州项目，踏上一个新台阶

没有足够大的规模，就没有竞争优势。度过困难时期之后，讯达开始寻找新的增长点。从技术水平来说，公司和外国竞争对手的差距已经较小，主要的差距在于产能。受产能所限，公司无法获得比较大的订单，发展空间受到很大限制。

几经努力，2020年，浙江湖州市政府向讯达抛来了橄榄枝。彼时，恰逢中国信科计划扶持前端供应链，湖州项目正好满足其投资要求，于是湖州市政府、中国信科和讯达三方不谋而合，共同推进5G移动终端用射频声表芯片生产基地项目。其中，湖州市政府投资5亿元，中国信科投资2.5亿元，讯达投资1亿元，共计投资8.5亿元。该项目计划生产民品领域的射频滤波器，满足5G移动通信的器件需求。如今，湖州项目的生产线建设基本完成，该项目处于第一期阶段。未来预计总投资将达到65亿元，年产值达到150亿元。

由点及面，精心布局全国市场

经过18年的发展，讯达已经具备一定的经营规模。组织结构方面，公司总部位于北京，下设河北时硕、南京沁智、浙江华远、日照东讯和北京华天五个子公司和深圳中讯声表一家孙公司。其中，河北时硕和南京沁智为军品器件研发基地，浙江华远、日照东讯和深圳中讯为民品器件研发生产基地，北京华天为半导体基础材料进出口贸易平台。

客户方面，讯达拥有强大的客户资源，共计有 800 余家客户，其中军品客户 150 余家，与公司建立了稳固的合作关系；民品客户 650 余家，但由于进入民品市场较晚，讯达与民品市场的客户关系尚薄弱。

销售体系方面，讯达构建了完整的销售链条。北京总公司为营销总部，华东（上海、宁波）、华北（北京）、华南（深圳）、西南西北（成都）、新疆为五大营销根据地。其中，华东营销根据地以微波系列产品为主，西南西北以模块、组件和系统为主，新疆以系统集成为主，华南以民用声表面波为主。

功到自成稳发展，"小巨人"的产品开发之道

自主研发在左，开放创新在右

1. 重视研发，持续投入

讯达一直将创新能力作为核心竞争力，致力于微电子器件（以声表器件为主）、微波组件、通信系统集成等相关产品的研发和生产，逐步成长为一家具有自主研发能力的国家高新技术企业。

首先，讯达每年投入大量的资金用于产品的研发和技术的攻

关。张军介绍："目前公司的研发强度为8%～10%，研发人员100人左右，占公司总人数的近1/3，这在同行业企业中也是比较高的一个比例。"根据讯达的年报，2018年公司研发投入1 956万元，到了2020年公司研发投入就达到了2 647万元，逐年上升，其占营业收入的比例也呈上升趋势。

公司企划负责人介绍："公司在芯片设计、射频模拟仿真软件、晶圆加工生产及封装方面全部拥有自主知识产权，持续性的研发投入也为公司带来了一系列的创新成果。截至2022年3月，公司拥有各类知识产权175项，其中21项发明专利、103项实用新型、28项软件著作权、23项集成电路布图设计权。仅在声表面波技术方面，讯达就拥有相关专利93项，包括20项发明专利和73项实用新型专利。"

其次，讯达积极参加国家纵向课题申请，通过课题研究实现技术上的创新与突破。张军说："中央军委装备发展部每年都要立项前沿探讨，瞄准国际上军事技术突破的方向以及要达到的水平，确立预先研制等项目。我们每年都去争取这类课题。申请这类课题需要很多真功夫，因为你必须真的具有一定的创新能力，并且能够通过研究设计产生一定的创新成果或者解决一定的问题。获得立项非常不容易，但是我们依然申请了不少这类课题。"这也能说明讯达在研发创新上所做的努力。

公司企划负责人接着补充："我们还会承担政府的一些重点科研项目，比如2016年承研北京市科委的'北斗卫星导航通信系统手持机用新型片式声表面波滤波器'项目，2021年承研'河北大厂5G移动通信基站用射频手机声表面波滤波器产业链配套'项目等。其中有一项预研成果——温度补偿滤波器TCSAW，能有效提高频率利用率,是声表面波滤波器的发展方向,并且有望成为移动通信的主流滤波器,每年其国内市场的需求达 120 亿元。我们公司承担了该项目的预研任务,经过技术攻关,实现频率温度系数－4ppm/℃,达到国际先进水平。我们通过承研政府的重点科研项目,进一步激发企业的研发潜力,同时尽我们最大能力,解决项目上的一些问题,争取在技术上有所突破,这对于我们来说是意义重大的。"

除此之外,讯达始终坚持应用场景驱动战略,以客户需求为导向进行产品创新。张军说:"我们提倡做研发要躬身入局,要进入那个应用场景中,你才能实现一些服务于应用的技术开发,这对我们这种高新技术公司是非常核心的,是非常重要的。我们需要将自有技术融入应用场景之中,这样做也更有利于创新。"

这里,不得不提到讯达的一个产品——无线无源测温系统(见图 9),该产品就是立足于应用场景、技术反向应用而开发设计的。张军如此解释:"其实,这个产品主要应用于电网、高铁等的测温,比如高铁需要对道路进行测温,如果温度过低,像广东冻雨,用这个产品可以提前检测,然后采取措施除冰,保障高铁的正常运行……实际上,无线测温器属于小系统集成,和其他测温器相比较,底层技术都是一样的,只是应用场景不同。声表面波产品的一个特点是频率会随着温度的改变而改变,这本来可能会成为一个问题,但是,如果反着用,找到合适的设计,让温度和频率形成一个正相关曲线,根据频率的漂移就可以知道温度变化。于是,我们开发出这一款产品。它的好处就是无源、无线,其本质是一个传感芯片,把它放在高压电部分,就不用更换电源,通过测回波了解它的温度信息,根据温度可以进行预警。"

图 9　产品样例——无线无源测温系统

关于这一技术的开发过程,张军进一步讲了其背后的故事:"本来我们的声表面波滤波器要尽量避免漂移,最早美国一家公司对此进行了反向应用。2008 年 IEEE 大会的时候,广西电力局提出一个需求:能不能开发一种无源无线的芯片?当时,中科院声学研究所一位专家认为这完全可以实现,他找了国内一家企业合作,但这家企业直接应用美国的产品,出现了误报警的问题。这事实上是没有根据现场具体情况进行二次开发所造成的,这家公司最终未能将这个应用做起来。我们公司偶然听到这个故事,就尝试做了起来,没有想到获得了成功。这是一款比较新的产品,收益还不错。"

2. "外引内援",研发人才注动力

卓越的技术研发团队和清晰的研发团队结构保障了讯达创新能力的持续提升,使得讯达能够紧跟行业发展趋势,根据市场和客户需求快速研发出行业领先的产品,从而提升了讯达成长为行业内领先企业的能力,增强了讯达在行业内的竞争优势。

公司企划负责人自豪地介绍:"我们公司始终将研发人才看作企业创新的动力源泉,以发展吸引人才,以文化留住人才。我们采用'外引内援'的人才战略赋能公司创新发展，聘请国内行业领域顶级专家和国际知名设计师，在为公司设计产品的同时，带出了一支国际化的设计团队。"

在军品领域，国家科学技术进步奖获得者、声表面波滤波器国内顶级专家陈小兵主持开发了多款用于北斗导航系统、数字阵列雷达和"大船"的声表面波滤波器，并已转化为产业应用。创业之初，公司通过"外引"的形式与陈小兵达成合作，现在他已正式加入公司，任讯达总工程师，成为公司的技术带头人。在民品领域，讯达通过"外引"的方式聘请国际著名声表面波芯片设计师谢尔盖·康德拉捷夫任讯达技术顾问。谢尔盖·康德拉捷夫从事声表行业研究40余年，发表国际论文60多篇，共获得100多项俄罗斯专利，20多项美国、日本、欧洲专利，同时是俄罗斯最高奖"俄罗斯联邦国家奖"获得者。这两位技术专家不但亲自参与研发，而且培养人才，指导各自的徒弟解决生产线上的各种问题，是公司新产品顺利研发的重要保证。

除此之外，2014年收购日本三洋生产线时，讯达保留了该生产线的工艺及设备保障团队，这些员工在民品设计创新方面有着丰富的经验。张军热情地介绍："2014年收购日本三洋生产线时，公司研发团队有30多人，其中设计师有三五个是硕士及以上学历，其他的研发人员大多是本科学历。在声表面波领域，设计阶段就是绘制微电路图，这个步骤既需要利用算法通过软件生成，也需要利用模拟仿真验算。该领域没有通用软件，各个设计师都是在集成电路的软件上编写自己的程序并与工艺相结合。模拟电路比数字电路的设计要复杂，数字电路的设计是不会过分要求工艺的，只有通断两种状态，但是模拟电路需要考虑到整个微电路的形状，比如条宽、形状、上面有没有凸点、会不会形成小岛效应等。因此，对于我们来说，研发人员非常重要，每位设计师都有自己的一套算法，没有通用软件。"图 10 展示了讯达的研发人员结构。

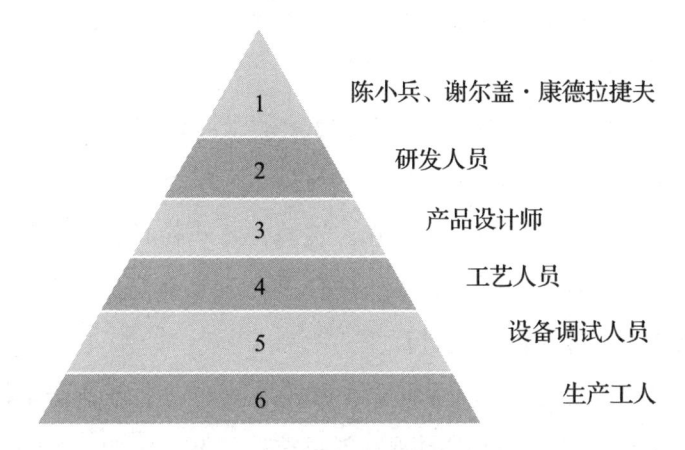

```
1  陈小兵、谢尔盖·康德拉捷夫
2  研发人员
3  产品设计师
4  工艺人员
5  设备调试人员
6  生产工人
```

图 10　讯达的研发人员结构图

张军接着介绍："我们内部在统计研发团队人数的时候，会把工艺人员算进去。在我们公司，有一部分人负责工艺实现，但不负责具体生产，他们要和设计人员结合进行持续改进，产品定型以后再交给生产人员，因此工艺人员也负责现场的持续改进。我们研发人员多数不在北京，都在下边的生产基地，依托生产线跟着合作和设计。我们的设计团队是能够扎在车间里做焊接测试的接地气的设计团队，肯吃苦，负责任，追求完美。"

3. 产学研合作，高效协同创新

产学研协同创新一直是中国经济发展的痛点之一，也是工信部和其他部委联合发起的《促进大中小企业融通发展三年行动计划》中特别提倡的。而讯达采用自主开发与产学研合作开发相结合的技术和产品研发模式，在这方面探索出了一条可行的道路。

"我们和许多科研院所都有合作，公司在产学研合作方面形成了成熟的合作模式，开发出多项关键技术和产品。比如，我们与扬州大学合作成立了'中讯声电研究所'，共同研究声表面波领域的技术难题；与重庆大学合作开发微流控 PCR 芯片，主要用于农业疫病的快速检测；与某装备研究所共同研制低慢小目标监测雷达，为重点区域提供监视和安保措施等。"

张军介绍："有时我们与某个特定的个人建立合作关系，有时我们与学院建立合作关系。比如，与扬州大学就是和学院合作，而在东南大学是与一位博士生合作。这两种方式各有利弊。与学院合作形式大于内容，与个人合作效率会更高。与个人合作需要经过学院同意或者以课题的形式进行。"

张军接着补充："产学研合作形式是我们自主创新研发模式的一个很好的补充，对我们的研发创新很有启发。比如，我们曾和某大学一位教授联系，他本来与我们是竞争对手关系，因为我们做声表面波，他做声体波，二者基本原理都是把电磁波转换成声波，然后再转换成电磁波，但是实现路径是不同的。声表面波只在基片表面传播，而声体波通过基片实体传播。二者各有特点，具有互补性。我们通过与该教授合作想尝试声体波路径，因为 5G 到来以后，频率变高，如果频率高到一定程度，声表面波就做不上去了。声体波没有这个问题，因此，从理论上讲，声体波更适合 5G 环境下发展。当然，这是理论上的。目前，日本村田公司有新的设计路线，认为声表面波是不受限制的。我们现在也在攻克这个难题，希望 5G 对声表面波的发展不要造成限制。总之，产学研合作能够给我们提供外部创新资源和力量，让我们在研发创新中有更多的思路。"

军民融合，两翼齐飞

创立之初，讯达立足于军品领域，为雪龙号南极科考船的信道化接收机做配套，就注定了该公司会与滤波器在军品领域的应用结下不解之缘。对于民营企业来讲，获取军品资源是十分不容易的，讯达在军品方面的优势之一就是整合内外部资源，以军品为基。无论是创业前的人脉积累，还是创业后的外部资源拓展，都为讯达在军品领域的发展奠定了坚实的基础。

讯达的一个优势是重视产品质量，满足客户需求。从事军品项目需要严格的资质要求和质量保证，讯达是国内军工领域少有的几家从事军品研发生产的民营射频类企业。在十几年的研发探索中，公司获得了武器装备科研生产许可证、武器装备质量管理体系认证、装备承制单位注册资质、三级保密单位资质、国家高新技术企业资质等认证资质，这些认证资质是对公司的认可，是公司在军品领域发展的保证。

随着国家"十三五"规划的出台及军民融合上升为国家战略，越来越多从事军品项目的企业将目标瞄准了民品市场，希望能够依托军品优势打开民品市场，实现规模化生产。讯达积极关注市场动态，在了解到深圳华远有意出售产品线的信息后，主动出击，经过一轮轮的磋商谈判，终于于2014年完成了对深圳华远的收购，正式进入民品市场。

军品领域的丰富经验为公司在民品领域的发展奠定了基础。首先，十几年的研发经验使得讯达累积了声表面波滤波器相关的技术，这些技术可以迁移到民品领域进行应用。虽然军品与民品是两个不同的应用领域，但是两者的底层技术是完全相通的，技术上的积累能够很好地帮助该企业打开民品市场。其次，在军品领域的深耕过程中，讯达获得了一定的生产线建设经验，这些经验能够帮助该企业更好地建立民品领域的生产线。

2010年左右，讯达在河北大厂、江苏南京建立了自己的生产基地，拥有了比较完善的生产线。建立生产线并不是一件容易的事情，要与政府、投资方等进行多方沟通，还要考虑设备引进、厂房建立等问题。但无论是军品领域还是民品领域，完整的生产线都要包括"清洗—镀膜—光刻—刻蚀—划片—封装—测试"等部分，都需要考虑前期沟通和后期建立的问题，因此军品领域的生产线建立经验可以迁移应用到民品领域。

最后，军品领域的客户管理和服务经验能够应用于民品领域。一般而言，军工产品对质量要求更高，客户的需求也会更具有差异性。讯达能够在军品领域发展多年，离不开良好的产品和服务质量。由于军品无法模仿复制的属性，公司在军品领域一直进行研发创新，目前已经开发出3 000多款产品，与客户维持着长期合作的关系。所以，在民品领域，讯达更了解如何拓展客户资源与如何维护客户资源，努力提供客户所需要的产品并实现产品创新，从轻薄、高频、高性能、高可靠性等方面为客户提供最优方案。

讯达坚持民品依托军品优势，以多种方式培育市场、开发产品，产品项目和生产线日益丰富。张军强调："民品是我们将来可以做大的领域，而我们在军品领域有核心技术，军品相当于我们的生命线。"一方面，民品领域的发展有利于该企业进一步打开市场，提升市场知名度，知名度的提高也将有利于军品领域市场的拓展；另一方面，民品领域的强势发展有利于企业获得资本支持，这可以反哺军品领域的技术研发。讯达现在在民品领域持续发力，从加大研发投入、扩大生产规模、提供优质服务、满足客户需求等方面提升公司竞争力，实现了声表面波的全链条生产。目前，湖州项目已经投入生产，相信公司未来在民品领域也定有一番作为。

客户至上，产品优良

1. 重视客户，定制化服务

张军说："快速反应是我们公司的特点，也是我们非常大的优势。无论是和国企、军工打交道还是和私营民品领域的公司打交道，我们都能对对方的需求快速反应，马上支持。以军品为例，军工部门需要的产品具有实验性质，但它们也需要竞标，如果我们能给予很大支持，快速提供它们所需的产品，它们就能很快得到电路的指标性能，然后去投标，如果投标成功就会和我们合作完成这个项目。我们公司拥有科学完善的新品开发流程，远超同行的新品研制速度。目前，其他同行竞争对手新品研制周期约为一个月，而我们最快的新品研制速度纪录是 7 天。"

除此之外，讯达力求集中精力满足客户需求，为客户提供个性化服务。比如在军品领域，讯达的竞争对手主要有两家，都是国有军工单位。它们都有固定的项目要做，一般是由某一个项目组去承接外边的项目。讯达则是举全公司力量去争取，而且服务又比较好，因此综合起来具有一定的竞争优势。

目前，讯达已经与许多行业龙头企业建立了长期稳定的客户关系，能够充分满足它们的定制化需求。

2. 产品线丰富，覆盖面广

讯达目前已经研发出声表器件/组件、微波模组/组件、腔体滤波器、微波系统集成、无线无源测温系统等产品系列。

公司企划负责人介绍："我们的产品具有领先的技术指标，比如在声表面波器件方面，我们已经把插入损耗、矩形系数和封装尺寸等关键技术指标做到国内最好。单拿插入损耗来讲，其他厂家的平均水平在 0.8 左右，我们能控制在 0.6。"

张军补充道："从设计到制作再到最后的生产，我们公司都能独立完成，因此我们是一个全链条的企业，这在市场上是少有的。有些公司可能就做设计，设计完了以后就把设计图给别人代工。而我们在整个声表面波制作流程中做全链条，因此我们基本上把市场上声表系列产品全覆盖了。无论小的器件、模组，还是系统集成，我们都开发过相应的产品。目前，公司已开发的声表系列产品频率覆盖范围广，最高频率达 2.6GHz，累计开发频点 3 000 多个，封装形式有 20 多种，广泛应用于雷达、导弹、基站、汽车电子、移动通信终端等；已开发的微波系列产品达 100 余种，产品覆盖频率 DC～26.5GHz，放大器和变频组件类产品最高工作频率可达 40GHz，产品广泛应用于雷达 TR 组件、检测设备、仪器仪表、电子对抗设备等。"

前路漫漫勇追求，挑战与展望

公司未来发展规划

1. 打造民品、军品器件制造基地

在民品领域，公司将以 5G 移动通信用射频滤波器需求为牵引，全面打造浙江华远 5G 移动终端用射频声表芯片湖州生产基地项目，计划总投资 65 亿元，全面达产后年产能达 150 亿块，年产值达 50 亿元，用以迎接 5G 时代射频滤波器件即将到来的爆发式增长需求。

在军品领域，公司将以声表面波滤波器军标生产线建设为牵引，打造出一个集设计、制造和销售为一体的军品声表产品研发制造基地，实现军品市场占有率从现在的 35% 提升到 60%。

2. 打造微波产品制造基地及产业链

公司计划用 1~2 年时间建成微波产品微组装线，对现有研制能力进行整合和升级，研制开发出具有核心竞争力的"拳头"产品；同时抓住军品国产化的战略机遇，将公司产品从器件级和组件级升级到系统级，形成器件、组件和系统全产业链，实现 2 年后产值达到 1 亿元、5 年后产值达到 5 亿元的目标。基于现有的技术和产品优势，公司将深度挖掘产品应用市场，研发新的应用系统，逐步打造一条创新型的产业链条。

3. 加大研发力度，持续推进产品创新

在中美贸易摩擦的背景下，半导体领域内的核心技术和产品自主可控变得愈发重要。但是，现状是国产芯片技术落后。为此，公司将从实际需求出发，依托声表面波和滤波器内部模组等技术，研发国产替代芯片。人才方面，公司将扩大科研队伍，加大科研人员培养和引进力度；创新方面，公司将以市场需求为导向，在巩固现有产品的基础上，不断验证和优化，推动产品创新。

未来面临的挑战与问题

1. 产学研合作有待进一步加强

随着我国经济迈进高质量发展轨道，国家对产业转型升级的要求越来越高，而产业转型升级的关键在于技术创新，产学研合作又是技术创新的桥梁，是推动产业转型升级的重要手段。讯达虽然在产学研合作方面进行了多次探索，并且形成了一定的创新成果，但是在合作模式、开发内容、成果转化形式及利益分配等方面仍然面临一定的问题和挑战。

2. 知识产权布局有待进一步完善

对企业而言，知识产权并不仅仅是投入，更是企业的核心竞争力，尤其对初创型高新技术企业来说更是如此。只有在企业创立之初做好知识产权的战略布局，初创型高新技术企业才能在日益激烈的市场竞争中发展壮大。

近年来，我国科技创新取得长足进步。以专利为例，2022年我国授权的发明专利达79.8万件，实用新型280.4万件，每万人高价值发明专利拥有量达到9.4件。但是，我国的专利数量存在严重的虚胖问题，质量堪忧。2022年我国有效发明专利转化率为36.7%，企业有效发明专利转化率为48.1%，高校有效发明专利转化率仅为3.9%。由此可见，我国发明专利虽然数量上比较多，但是质量上有待进一步提高。

目前，讯达在知识产权系统性布局方面还有待完善，包括专利的类别、专利应用与转化、专利保护和预警等。虽然公司获得175件已授权专利，但是发明专利较少（占专利总数的16.93%），专利整体质量不高。

3. 湖州项目面临一定的挑战与未知

谈到湖州项目可能遇到的困难，张军说："研发方面，现在没有针对这样一个量级的研发，需要结合新的生产线进行研发，我们不知道良率是否理想，是否会遇到瓶颈。也许项目到90%多的时候卡住，现在我们的研发团队没有完全成熟。虽然我们的外聘顾问谢尔盖·康德拉捷夫之前做过，但是他做的是另一条线。因此，湖州项目生产线还是有可能遇到一些问题。我们需要解决整个过程中的各种'疑难杂症',争取在新的生产线上顺利研发,同时注意保证我们产品的良品率。"

除此之外,湖州项目需要大量的技术人才推动技术和产品创新,但由于公司所在行业领域相对较窄,行业内高水平技术人才本来就有限,再加上人才培养周期长、人才不稳定等因素,导致现阶段高水平技术人才产生了一定程度的缺口。

最后,对于一家公司来说,管理运营能力决定着公司能否生存和发展。张军说:"湖州这条生产线投入大、规模大,如果某个环节没有跟上或者出现新的问题,那么给管理带来的挑战就很大。就相当于原来只限于游击队,突然面对大兵团作战的时候,需要非常系统地考虑,要能够应对任何大的、颠覆性的问题。"

结束语

"实业报国,从芯做起;激情进取,追求卓越",这是刻在讯达基因里的精神。18年来,讯达脚踏实地,一点一点积累,一步一步跨越,成长为专精特新"小巨人"。谈到未来发展,两位创始人信心满满:"军品领域,雷达终端市场正不断扩大,对声表器件的需求稳步上升;民品领域,5G时代的到来让射频声表器件需求量迎来爆发式增长。无论是军品领域,还是民品市场,讯达的成长空间都很广阔。"

18年的风雨同舟和披荆斩棘,给了董铭和张军两位创始人足够的信心和能力携手迎接下一个挑战、拥抱下一个机遇。前进的脚步不会停下,未来,讯达将继续走"专精特新"发展道路,向世界一流的射频声表芯片供应商不断迈进……

案例分析

启发思考题

(1) 作为工信部评选的专精特新"小巨人"企业,讯达在专业化、精细化、特色化、新颖化方面是如何表现的?

(2) 讯达在"新三板"上市后是如何开展创新的?

(3) 讯达在新产品开发方面有哪些独特之处?

(4) 请结合案例分析应用场景和中国市场的独特需求在企业创新中的重要作用。

(5) 针对未来在创新方面面临的挑战,公司应该如何应对?

理论依据及问题分析

本案例首先结合行业背景、国家政策以及讯达的发展现状,分析讯达作为专精特新"小巨人"所具有的特质;其次,归纳讯达的专精特新"小巨人"成长之路,分析其是如何通过开展创新促进公司发展的;再次,根据新产品开发等相关理论,聚焦讯达的产品开发优势;再次,结合以上分析深入探究应用场景和中国市场的独特需求在企业创新中的重要作用;最后,面对未来创新挑战,为公司提出应对之策。

1. 作为专精特新"小巨人",讯达的专业化、精细化、特色化、新颖化是如何体现的?

【理论依据】"专精特新"与专精特新"小巨人"。

"专精特新"中小企业是具有专业化、精细化、特色化、新颖化特征的中小企业。根据《优质中小企业梯度培育管理暂行办法》(简称《暂行办法》),专精特新"小巨人"企业认定需同时满足"专、精、特、新、链、品"六个方面指标。

专业化指企业坚持专业化发展道路,长期专注并深耕于产业链某一环节或某一产品。《暂行办法》对企业在营业时间和主营业务收入占比上也作了严格要求。精细化指公司重视并实施长期发展战略,公司治理规范、信誉良好、社会责任感强,生产技术、工艺及产品质量性能国内领先,注重数字化、绿色化发展,在研发设计、生产制造、供应链管理等环节,至少有一项核心业务采用信息系统支撑,并取得相关体系认证。特色化指企业技术和产品有自身独特优势,主导产品在全国细分市场占有率达到10%以上。新颖化的一般条件对不同营业收入的公司的研发收入占比作了梯度要求,对产学合作模式和知识产权应用也有所要求。产业链配套指企业需要位于产业链关键环节,围绕重点产业链实现关键基础技术和产品的产业化应用,发挥"补短板""锻长板""填空白"等重要作用。主导产品所属领域属于制造业核心基础零部件、元器件、关键软件、先进基础工艺、关键基础材料和产业技术基础;或符合制造强国战略十大重点产业领域;或属于网络强国建设范畴的信息基础设施,关键核心技术,网络安全、数据安全等领域的产品。

"专精特新"是一个整体,存在着内在的相关性,其中"新"是核心,是灵魂;"专、精、特"是手段和方式,是"新"的不同表象。其概念模型如图 11 所示。

图 11 专精特新概念模型

【案例分析】讯达自成立以来，一直立足于微电子行业，致力于微电子器件（以声表器件为主）、微波组件、通信系统集成等相关产品的研发和生产。结合案例材料，讯达的专业化、精细化、特色化、新颖化体现在如下方面：

（1）专业化：讯达专注于核心业务，为大企业、大项目和产业链提供零部件、元器件、配套产品和配套服务已长达十几年。自 2005 年成立以来，公司一直致力于声表面波技术的研究和相关产品的研发，承担了大量的声表面波器件研制任务，累计为各类装备提供配套声表面波器件千余种、近百万只产品。

（2）精细化：讯达以客户需求为导向，为客户提供精细化服务和品质精良的产品，坚持长期发展战略。除此之外，讯达在军品领域取得了相关认证。

（3）特色化：讯达在生产工艺技术方面具备一定的特色。目前，技术团队已经熟练掌握 CSP 封装工艺，华远微电生产线正在导入；WLP 工艺完成预研，正在调研小批量试生产相关设备与工艺。公司已经立项多款 CSP 封装的滤波器。讯达相关产品广泛应用于北斗导航、5G 微基站、移动通信终端、延迟线、数字智能雷达、高铁通信、汽车电子等众多领域。

（4）新颖化：自成立以来，讯达积极开展技术创新和管理创新，培育新的增长点，逐步形成了一定的竞争优势。截至2022年3月，公司拥有自主知识产权的相应产业技术176项，包括集成电路、软件著作权、实用创新和发明专利等；公司也参与过行业标准的制定，目前有将近60项专利正在申请。公司拥有13项高新技术资质荣誉，是国家级高新技术企业、国家级专精特新"小巨人"。公司主导产品属于核心元器件，专注的手机射频技术是我国被"卡脖子"的35项关键核心技术中的第7项。

2. 讯达在"新三板"上市后是如何开展创新的？

【**理论依据**】（1）自主创新理论。企业自主创新具有技术突破的内生性、技术与市场方面的率先性、知识和能力支持的内在性等特征。其本质特点是，自主创新所需的核心技术来源于企业内部的技术突破，是企业依靠自身力量，通过独立的研究开发活动获得的。对某个企业而言，自主创新并不意味着独立研究开发企业的所有技术，只要企业独立开发了主业的关键核心技术、掌握了核心技术原理即可；辅助性技术研究与开发既可由自己进行，也可与其他企业或高校、科研机构合作开发，委托开发，或者通过技术购买解决。对于复杂的高技术产品或者技术集成度高的产品，某些关键性技术也可以在企业主导下采取合作创新或引进创新方式获得。

企业自主创新体系是指企业为了实现主业关键核心技术的突破，取得自主知识产权而建立的网络、组织和制度。由企业自主创新的含义可知，企业自主创新体系的构建并不排斥合作创新方式。合作创新方式有利于企业利用外部资源，提高企业自主创新能力。

（2）企业成长模式。根据企业所依赖成长的主要核心竞争力、核心竞争力所处层次以及主要核心竞争优势组合，可将企业成长模式分为技术驱动型、市场创新型、资源整合型等。

技术驱动型是指企业以科技创新为驱动、核心技术为主导，通过打造技术创新优势而逐步成长。企业核心技术包括自我研发技术和获得特权使用的引用技术，是企业高速发展和可持续发展的强大动力。这类企业一般拥有一支高度知识化的专业技术人员队伍和较强的技术创新能力，并专注于某一高新技术领域的研究开发，以获得突破性成果。

市场创新型是指企业以市场创新为主导，通过不断增强企业的市场适应性、增强市场竞争优势而成长起来。市场创新型企业能快速而敏感地洞察消费者需要，设计制造出实用性强且具有较高附加值的产品，以满足消费者的特殊需求，甚至创造新需求并建立新市场。

资源整合型是指企业通过整合技术研发、市场渠道、管理运营等职能及人才、资金、配套基础等全球资源形成综合核心竞争力而成长起来。资源整合型企业的形成，需要依靠创新优势、资源优势等提供最基础的战略支撑，通过整合内外部优势资源以提供新产品并开拓新市场。

【案例分析】讯达立足微电子产业，根据企业自身资源优势以及外部市场需求，构建并完善自身的创新体系。其在发展过程中，融合了资源整合、技术驱动和市场创新三种发展模式，以技术驱动为主，通过内生创新、合作创新和人才引进赋能公司的创新发展；以市场创新为辅，助力公司拓宽市场，实现长足发展。

（1）资源整合。在创立之初，讯达没有专业的设备，也没有培养的技术人才，只能依靠外部合作把项目完成，通过一单一单的项目实现盈利。此时，公司的技术创新主要依赖于外部人才，公司缺少核心技术和独立的研发能力，亟须培养持续创新能力，以实现稳健、可持续发展。

（2）技术驱动。讯达抓住"新三板"上市的机会，在挂牌"新三板"后，逐步构建自身的创新体系。一方面，讯达以科技驱动为主线，重视内部创新，每年投入大量的资金用于产品研发和技术攻关。根据讯达年报，2018年公司研发投入1956万元，到2020年，公司研发投入就达到了2647万元，研发投入逐年上升，研发投入占营业收入的比例也呈上升趋势。

另一方面，有了资金的支持，公司能够建立生产线并培养研发团队，并逐渐形成其技术驱动和市场创新相结合的成长模式。更为重要的是，"新三板"上市融资为公司在2012年进军民品市场奠定了基础。2012年，公司并购日本三洋公司的声表面波生产线，将其改造成民品基站直放站、基站配套声表面波滤波器生产线，为华为等公司提供通信模块。通过生产线的拓展和相关技术能力的培养，公司具备了面向民品市场进行创新的能力。

（3）市场创新。公司坚持针对中国市场中的独特需求场景进行创新，将自有技术融入应用场景，提出新解决方案，以需求拉动自身创新能力的不断提升。

可以看出，公司的成长既有技术驱动的因素，也有市场创新的因素，而且公司在发展过程中强调充分整合内外部资源，为我所用，共同为公司的创新助力。比如，国际著名声表面波芯片设计师谢尔盖·康德拉捷夫就是公司在民品领域的重要专家，是很多新产品顺利研发的重要保证。因此，公司的成长模式综合了技术驱动、市场创新和资源整合这三种模式。

讯达的创新体系发展如图 12 所示。

图 12　讯达创新体系发展

3. 讯达在新产品开发方面有哪些独特之处？

【理论依据】（1）新产品开发模式。新产品开发是指从研究选择适应市场需要的产品开始到产品设计、工艺制造设计，直到投入正常生产的一系列决策过程。企业开发新产品可以分为自主创新、开放式创新等方式。

1）自主创新方式。企业开发新产品最根本的途径是自行设计、自行研制，即所谓独创方式。采用自主创新方式开发新产品，有利于产品更新换代及形成企业的技术优势，也有利于产品竞争。自行研制、开发产品需要企业建立一支实力雄厚的研发队伍、一个深厚的技术平台，以及一套科学、高效的产品开发流程。

2）开放式创新方式。开放式创新是将企业传统封闭式的创新模式开放，引入外部的创新能力。在开放式创新下，企业在开发技术和产品时，强调借用外部的创新力量，并且使用自身和外部渠道来共同拓展市场。在数字经济时代，开放式创新正逐渐成为企业创新的主导模式，即把外部创意和外部渠道的作用上升到内部创新同样重要的地位，均衡协调内外部资源进行创新，积极寻找外部的合资、技术特许、委外研究、技术合伙、战略联盟或者风险投资等合适的商业模式来尽快地把创新思想变为现实产品与利润。

(2) 技术与市场的耦合互动模型。研究显示，基于创新的驱动力分析，线性的技术推动和市场拉动是不全面的。根据莫厄里和罗森伯格提出的技术与市场交互（耦合）模型（见图13），创新是在市场需求与技术的高度融合中产生的。

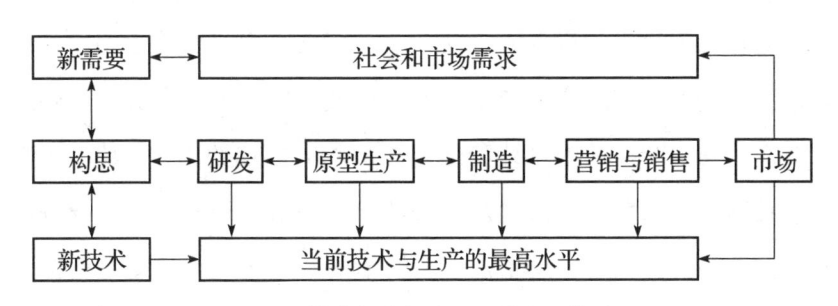

图13 技术与市场交互（耦合）模型

【案例分析】新产品开发是企业在激烈竞争中赖以生存和发展的命脉，在企业提升竞争优势、开拓产品市场、提高经济效益等方面起着决定性作用。结合案例材料，基于新产品开发的模式，讯达在新产品开发方面的独特之处体现在以下三个方面：

(1) 自主创新与开放式创新相辅相成，促进创新发展。

1) 第一阶段：开放式创新为主。成立之初，讯达资源不足，研发基础弱，没有培养专门的研发团队，所以讯达主要通过整合内外部资源进行创新。具体而言，在接收到客户需求之后，讯达会将图纸设计的工作外包给科研院所的专家，此后讯达再结合设计图纸，匹配实际环境以改进和完善。初期讯达就是通过一单一单的项目实现盈利，逐步积累起来其资源。

2）第二阶段：自主创新与开放式创新结合。虽然凭借外部合作实现了不错的盈利水平，但是讯达深知自主创新的重要性。挂牌"新三板"后，讯达使用融到的近2 000万元的资金，构建自身的创新体系。自此，讯达走上了自主创新和开放式创新相结合的创新之路。

自主创新。一方面，讯达投入大量资金用于新设备的配置和生产线的完善，以改进技术和创新产品。另一方面，讯达重视高端人才，搭建金字塔形人才结构。金字塔顶层是国内行业领域顶级专家陈小兵（军品）和国际知名设计师谢尔盖·康德拉捷夫（民品）；第二层是二人为讯达培养的研发人员，直接负责知识传承和设计创新；第三层是现有的成熟产品设计师；第四层是工艺人员，主要进行新产品的生产，其中设计和工艺人员的人数比约为1∶10；第五层是维修保养和负责调试设备的人员，主要给工艺人员提供设备保养方面的支持；最后一层则是生产线上的生产工人，只需严格按照参数进行产品的生产。

开放式创新。一方面，讯达一直重视借助外部力量促进自身的成长。与高校合作创新是讯达一直深入拓展的技术和产品研发模式。讯达已经与国内多家院所达成合作，在产学研合作方面形成了成熟的研发模式，开发出多项关键技术和产品。比如，讯达与重庆大学合作开发微流控PCR芯片，主要用于农业疫病的快速检测；与某装备研究所共同研制低慢小目标监测雷达，为重点区域提供监视和安保措施等。除此之外，讯达积极建立人才培养基地，比如与扬州大学合作成立了中讯声电研究所，共同研究声表面波领域的技术难题。多年的产学研合作经验使讯达积累了大量的院校和技术人才资源，使其能够在较短的时间内找到最适合的合作伙伴。

另一方面，讯达实施"外引内援"的人才赋能战略。与科研院所合作只是讯达开放式创新的一部分，讯达还借助独特的人才战略赋能新产品的开发。例如，在实施湖州项目时，讯达通过"外引"的方式聘请国际知名声表面波芯片设计师谢尔盖·康德拉捷夫任讯达技术顾问。谢尔盖·康德拉捷夫从事声表行业研究 40 余年，他的加入一方面能够帮助解决湖州生产线上的一些疑难问题，另一方面也能帮助公司培养熟悉生产线的技术人员，赋能整个技术团队。此外，讯达还与专家个人达成合作，充分利用人才资源，全方位提升企业的研发能力。例如，讯达与某大学教授合作探索声体波路径，把电磁波转换成声波，再转换成电磁波。

（2）技术与市场相得益彰，推动创新进程。创新的起点在于社会和市场的需求，讯达也不例外。讯达始终牢牢抓住市场痛点，为满足客户的新需求，持续不断推动创新进程。市场方面，讯达主要立足于军品市场和民品市场。在军品领域，讯达是国内军工领域少有的几家从事军品研发生产的民营射频类企业，在军品领域具有一定的竞争优势；在民品领域，讯达通过射频声表器件打开了某些特定市场，但由于知名度低、产能低等原因，仍有很大的进步空间。以下将结合无源无线测温器的例子具体分析讯达如何结合技术与市场创新的过程（见图 14）。

1）市场需求。2008 年 IEEE 大会上，广西电力局提出一个需求：能不能开发一款无源无线的芯片？

2）构思产生。声表面波产品的一个特点是频率会随着温度的改变而改变，温度和频率形成一个正相关曲线。根据声表面波产品

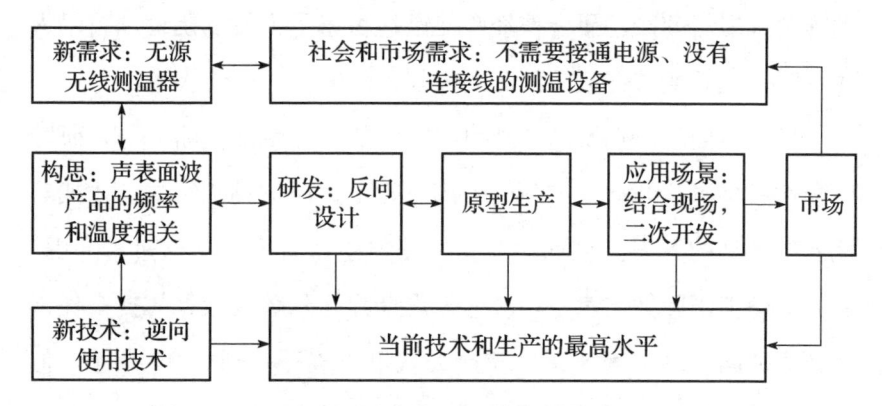

```
┌─────────────┐     ┌──────────────────────────────┐
│ 新需求：无源 │◄───►│ 社会和市场需求：不需要接通电源、没有 │
│ 无线测温器   │     │   连接线的测温设备            │
└──────┬──────┘     └──────────────────────────────┘
       ▲                                              ▲
       ▼                                              │
┌─────────────┐  ┌──────────┐  ┌────────┐  ┌────────┐ │
│ 构思：声表面 │  │研发：反向│  │原型生产│  │应用场景：│ │ ┌────┐
│ 产品的频率  │◄►│  设计    │◄►│        │◄►│结合现场，│◄►│市场│
│ 和温度相关  │  │          │  │        │  │二次开发 │ │ └────┘
└──────┬──────┘  └──────────┘  └────────┘  └────────┘ │
       ▲                                              │
       ▼                                              │
┌─────────────┐     ┌──────────────────────────────┐  │
│ 新技术：逆向│◄───►│   当前技术和生产的最高水平    │◄─┘
│ 使用技术    │     │                              │
└─────────────┘     └──────────────────────────────┘
```

图 14　讯达技术与市场耦合模型的应用

的这一物理特性，由频率的漂移就可以获知温度变化。

3）研发设计。频率的漂移本是声表面波产品的缺点之一，但研发人员利用这一特性进行反向设计，最后无源无线测温器的原型成功出世。其本质是将传感芯片放置于高压设备附近，不用更换电源，通过测量回波就可以了解温度信息，进而根据温度预警。

4）回归市场。根据现场实际情况，对无源无线测温器进行二次开发，使新产品充分适用于市场。

这款产品的开发充分体现了技术与市场两种因素双向拉动产品创新的特点，这种应用场景拉动型的创新，也是公司创新体系的一大特色。

（3）军品和民品融合式发展，完善创新组合。如上所述，创新是在市场拉动和技术驱动的双重作用下进行的。讯达以技术创新为核心，坚持对市场进行拓展，通过军品和民品的融合发展，完善了公司的产品类型，进行了创新组合的完善。

军品领域的丰富经验助力民品领域的快速发展。首先，十几年的研发经验使得讯达累积了声表面波滤波器相关技术，这些技术可以迁移到民品领域进行应用。其次，在军品领域的深耕过程中，讯达获得了一定的生产线建设经验，这些经验能够帮助该企业更好地建立民品领域的生产线。最后，军品领域的客户管理和服务经验能够应用于民品领域。一般而言，军工产品对质量要求更高，客户的需求也会更具有差异性。讯达能够在军品领域发展多年，离不开其良好的产品和服务质量。因此，在民品领域，讯达更了解如何拓展客户资源与如何维护客户资源，努力提供客户所需要的产品并实现产品创新，从轻薄、高频、高性能、高可靠性等方面为客户提供最优方案。

民品领域的发展可以反哺军品领域市场，使公司在军品领域维持竞争优势。一方面，民品领域的发展有利于该企业进一步打开市场，提升市场知名度，知名度的提高也将有利于其在军品领域市场的拓展；另一方面，民品领域的强势发展有利于企业获得资本支持，这可以反哺军工领域的技术研发。

4. 请结合案例分析应用场景和中国市场的独特需求在企业创新中的重要作用

【理论依据】需求拉动型创新的发生机制。中国独特的需求特征是一项宝贵的战略性资源。中国市场的需求结构及其社会经济条件具有自己的特性。需求随着复杂性的增加而呈现明显的本土特点，国外的成熟技术并不能很好地满足一些特殊的本土要求。因此，中国市场上对产品性能特性的需求会转化为对产品内部技术结构的新要求，进而引发对技术本身的重新思考，并推动技术发生大的革新。跨国公司在对中国市场的理解、针对中国市场的响应方面落后于中国公司，这就导致外国技术难以根据中国的市场需求来迅速调整其系统功能和成本结构。

企业可以利用自己对中国独特需求的理解，积极推动市场知识与技术的交互融合，设计出更符合中国独特需求特征的新产品概念，并通过创新来整合各类技术资源，借助中国快速成长的市场，在与国外领先企业的竞争中取得比较大的优势。已有技术与本土特殊需求条件的不匹配为后发企业通过创新赶超领先企业提供了市场机会窗口。

【案例分析】结合案例材料，以下将根据需求拉动型创新的特点，分析应用场景和中国市场的独特需求在企业创新中的重要作用。

首先，中国市场的独特需求是企业创新的动因。无源无线测温器产生的动因是中国市场上需要一款无源无线芯片。声表面波产品的一种特性是频率会随着温度的变化而变化，这种特性恰好可以应用在测温上。因此，逆向使用声表面波技术，就能开发出无源无线测温器这一新产品。

其次，创新产品需要与独特的应用场景适配。我国既有巨大的市场需求，也有丰富的应用场景。不同的应用场景对于产品有不同的要求，新开发的产品通常很难直接应用于现场。从新技术发明到产品成熟绝非一蹴而就，其实用性、稳定性、可靠性等都需要在实际应用中不断调整、完善，很难一步到位。因此，在开发出新产品之后，通常还需要进行二次迭代。无源无线测温器最先不是由讯达开发出来的。在无源无线测温器诞生之初，由于未根据现场进行二次开发，无源无线测温器没有得到真正应用。讯达接手该项目之后，根据不同的应用场景进行技术再开发，真正地让无源无线测温器投入使用。

综上分析，市场需求和应用场景对创新有重要作用。首先，应用需求是技术进步的重要推动力。其次，创新不能只应用于实验室，还要到实践中打磨、锻造，进而提高其稳定性、实用性、成熟度，引领产业升级换代。我国巨大的市场需求和丰富的应用场景，正好为技术发明及其升级换代提供了广阔的土壤和试验田。

5. 针对未来在创新方面面临的挑战，公司应该如何应对？

【理论依据】技术创新战略。技术创新战略是指企业以技术发展为中心，通过不同的创新方式创造更多价值并提升竞争优势。技术创新战略可以用来解释企业的创新行为，并体现了企业的主导竞争逻辑，企业需要通过技术创新确立竞争优势并影响其在产业中的竞争地位。基于创新努力程度的不同，纳拉亚南（Narayanan）通过技术范围和技术形态两个维度，将技术创新战略分为技术领先战略、细分技术战略、技术跟随战略和技术合理化战略。

（1）技术领先战略是指企业通过开发和利用关键核心技术，获得市场中的领先地位。这一战略要求企业拥有强大的研发能力，对研发的投入和风险承担能力要求比较高。

（2）细分技术战略是指对细分市场开展针对性的研发活动，以期获得竞争优势。该战略更适合企业在获得一定的市场地位后再进行选择。

（3）技术跟随战略是指在技术领域企业不做领军者，而是根据行业市场的最新动态进行迅速模仿与再创新。

（4）技术合理化战略是指通过仿制以较低的成本开拓市场，要求企业能够在成本与费用降低方面具备一定的优势。企业一般在成长中期或后期选择此战略，此时产品销量较大，可以接近经济上最合理的规模，并使设备的大量投资可在产品定型化或标准化之后进行。

【案例分析】通过案例材料可知，讯达首先采用的是细分技术战略，选择大公司不愿做、小公司做不了的军品项目打开市场，根据自身的资源和技术优势对细分市场进行开发，通过工艺和产品创新在军品客户中获得良好的口碑。未来，公司可以从提高创新能力和扩大产能两个方面提升自身的竞争力，因此应将技术领先战略与技术合理化战略相结合。

技术领先战略有助于讯达通过核心技术的布局在行业内拥有比较大的掌控力度，推动基础技术、前沿技术的研发。首先，加大在核心技术方面的投入力度，进一步提升公司的自主创新质量。根据多个行业的发展经验，行业内的领先企业都会在前沿技术、基础技术的研发方面投入比较多的资源，核心技术的创新可以使公司在市场中获得优势。其次，从公司的知识产权布局方面可以看出，公司的发明专利占比仍然较低，说明公司目前仍缺少产品层面的突破性创新，难以在核心技术上形成独特的竞争力。建议公司建立独立的技术中心，负责基础技术、前沿技术层面的探索以及产品层面的创新，加大在发明专利方面的投入力度。公司发展到现在阶段，已经具备了这方面的实力，应该在前沿产品创新等方面有更多突破。最后，应加大产学研合作力度，探索更多的开放式创新模式，比如积极探索委托开发、联合实验室、联合技术攻关等多种合作模式，使产学研成为公司创新能力发展的重要支撑。

技术合理化战略有助于公司利用湖州项目的产能优势，深入拓展民品市场。公司目前是军品、民品共同发展，应发挥军品和民品齐头并进的优势，双管齐下扩大市场版图。在民品领域，规模和产能对提升公司竞争力至关重要，公司应借助技术创新的力量深入挖掘湖州项目的产能优势，努力降低成本与费用，争取通过产品的标准化生产获得价格上的领先优势。

6

"专精特新"之后的路，该如何走？

先学会生，再考虑死

我给 MBA 同学上"管理案例分析"课时，一同学提出一个问题，大意是，"专精特新"企业所奉行的这种差异化聚焦战略有什么局限性和潜在危险？

我回答："'专精特新'企业采用差异化聚焦战略可能因为其过于专注某个细分市场而坐井观天，眼界狭窄。当外界产生某种颠覆性技术或者通用型产品的时候，其原来所固守的细分市场可能被大规模、商品化、低价优质的产品所替代，整个细分市场在短时间内彻底消失。这种情况在历史上多次出现，例如，数码相机代替胶卷相机，智能手机的拍照功能代替数码相机等，这就是出现类似《三体》里面的降维打击。但是，在绝大多数情况下，这种'突然降临'的威胁被过分夸大。中小企业首先要考虑的是如何通过差异化和聚焦战略，专注于某个细分市场，依靠独门绝技活下来，而不是考虑如何在未来的某个高光时刻猝死的问题。做到'专精特新'已经非常不容易，至于'专精特新'之后的路，接下来如何走，这是一个幸福的烦恼。绝大多数中小企业根本没有资格现在就考虑这个问题。"

"专精特新"之后的路，该如何走？

对于创新型中小企业来讲，成为省级的"专精特新"企业或者国家级的专精特新"小巨人"，这应该是它们的第一个阶段性目标。达成这个阶段性目标的方法论和路径相对比较清晰、比较成熟，只要按照西蒙教授的《隐形冠军：未来全球化的先锋》（原书第 2 版）中的基本原则来做就差不多。在前文中，我也做了更适合中国情境的论述和解释。至于"专精特新"之后的路到底应该怎么走，已有的管理学文献可以提供很多参考，我们甚至可以大胆地说，"太阳底下无新事"。但是，针对中国"专精特新"、"小巨人"以及"单项冠军"企业等这方面的系统研究仍然处于早期阶段，特别是有关适合现行的中国制度和文化环境、资本市场的特点，适合新时代（从高速发展到高质量发展、中美贸易摩擦和中美技术"脱钩"、逆全球化、"双循环"、数字化转型、碳中和碳达峰等）背景下的"专精特新"企业的成长战略，目前还没有深入细致的研究。

借助中国管理案例共享中心（由大连理工大学经济管理学院负责筹建和运营，www.cmcc-dlaky.cn）、清华大学经济管理学院中国工商管理案例中心，以及中欧国际工商学院中国工商管理国际案例库（www.chinacases.org）已经积累的 9 000 多个企业案例，以及自己的一些亲身调研和观察，我比较深入地研究了超过 30 家符合"创新型中小企业—'专精特新'—'小巨人'—'单项冠军'"特点的企业，对这个问题进行了探索性研究。表 1 展示了我所研究的部分案例企业的基本信息，下文还会进一步展示其他案例企业的发展道路及其所采用的策略。

表 1　一项探索性的多案例研究

项目	壹石通	天虹丝绸	舜宇光学	豪迈科技	默凤	特锐德
创始人	蒋学鑫	杨慧君（女）	王文鉴、叶辽宁	张恭运	杨树仁	于德祥
创业时间	2006 年	2001 年	1984 年（1994 年改制）	1995 年	1999 年	2004 年
创业地点	安徽蚌埠	四川绵阳	浙江余姚	山东潍坊高密	山东潍坊寿光	山东青岛
目前公司经营地域	安徽蚌埠	四川绵阳	中国为主，布局海外（日本、韩国、越南、北美）	中国为主，正在布局海外	山东为主，受制于原料	中国为主，正在布局海外
主营业务	锂电池涂覆材料、电子通信功能填充材料、阻燃材料等	种桑、养蚕、收茧、缫丝	手机、车载、安防、VR/AR、医疗器械、工业检测、显微、机器人等八个行业场景	轮胎模具、气门芯、风电铸件、海工设备等四个"单项冠军"，五个正在布局的细分市场	围绕卤水的精细化工和消费品、医药中间体	供电配电、电动汽车充电、新能源互联网等领域
上市时间及市场	2021 年，科创板	未上市（也没有上市打算）	2007 年，香港	2011 年，中小企业板	其中一个板块即将上市	2009 年，创业板"第一股"

续表

项目	壹石通	天虹丝绸	舜宇光学	豪迈科技	默孚	特锐德
国际化程度	以直接出口为主	以间接出口为主	直接出口,在海外建立研发中心	以直接出口为主,六大海外市场正在建厂	直接出口+海外办公室	直接出口+海外经营

在对这些企业进行研究时,我始终在思考和追问这样一些问题:中国的"专精特新"企业是否应该像很多德日公司一样,在某个细分市场上,几十年如一日、持续不断地做深做精做细,然后在坚守产品相对单一化、高端化的基础上,横向进行市场多元化、国际化的拓展?抑或应该像浙江宁波舜宇光学和山东高密豪迈科技一样,稳扎稳打,一步一个台阶拾级而上,从一个细分市场接连不断地拓展到另一个细分市场,最后在关键共性技术的基础上,形成多种产品经营的集团式"隐形冠军"?抑或应该像山东寿光默孚集团或者河北昌黎渔岛,围绕某种自然资源吃干榨净,走出一种新型的"隐形冠军"之路?默孚集团依靠山东寿光沿海一带几十万年来所形成的丰富的卤水自然资源发展出2B的精细化工(见图15)和2C的日用消费生活产品,然后,以"赫尔曼西蒙商学院"为抓手和纽带,把一群信奉相同价值观和方法论的企业联系起来,以产业集群的方式在全国不同地方进行布局(例如,内蒙古鄂尔多斯)(见图16)。而河北昌黎的冀弘公司,从海产养殖起步(包括日本对虾、扇贝、蛤蜊等),逐步过渡到技术含量更高的海产养殖中的育苗育种,再围绕秦皇岛黄金海岸稀有的旅游资源,逐渐拓展成为集海产品深加工、休闲与观光为一体的综合性度假旅游4A级景区。

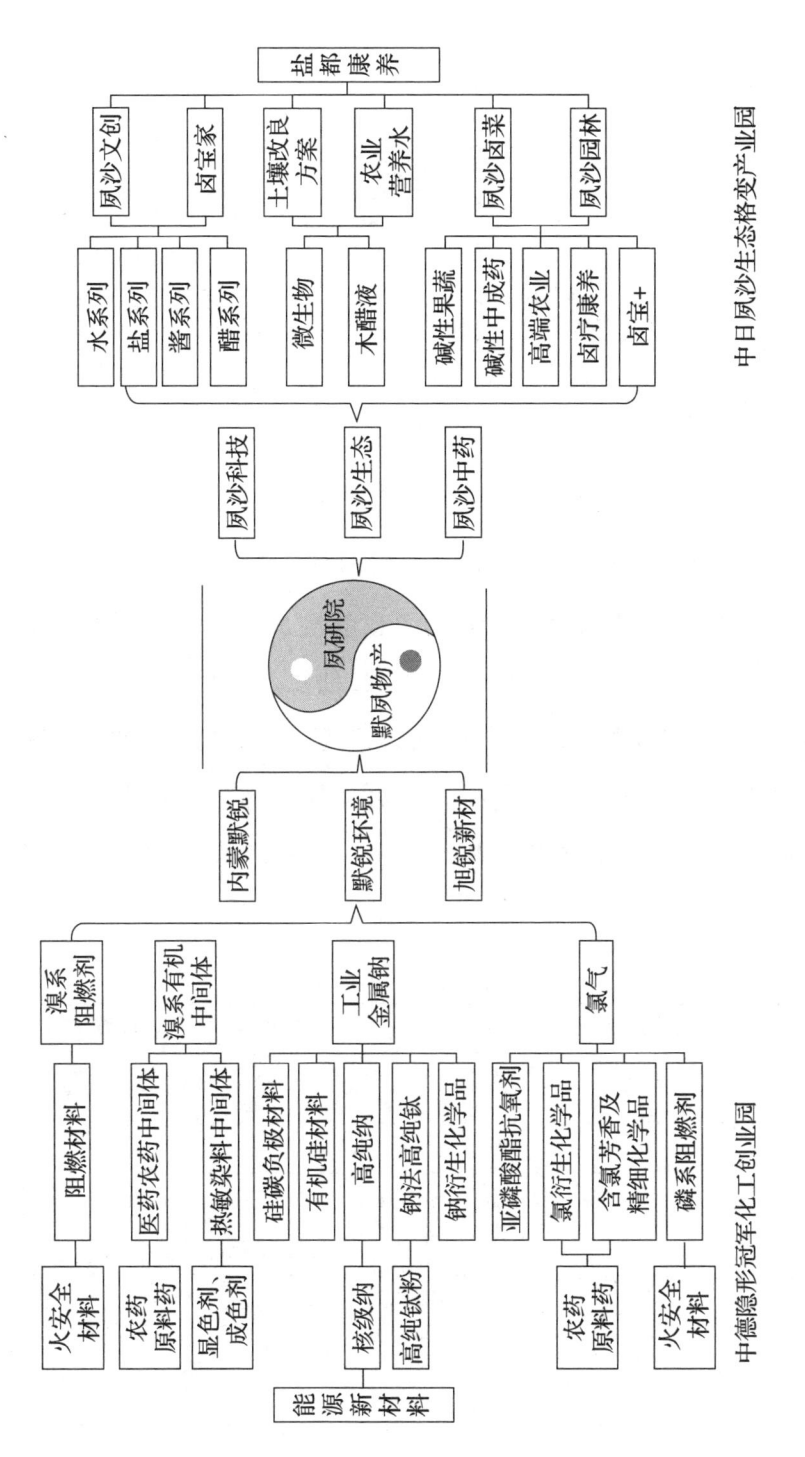

6 "专精特新"之后的路,该如何走? | 109

图15 默冏集团:卤水新兴复合"隐形冠军"产业链

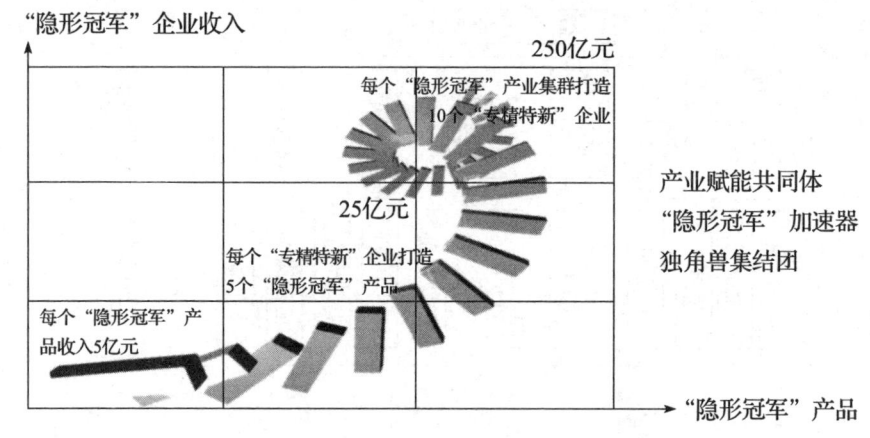

图 16　默夙集团：专精特新隐形冠军 250 工程

又或者"专精特新"企业应该模仿创业板"第一股"青岛特锐德，面对新兴市场里重大机会窗口（也就是 2012 年前后开启的新能源汽车），惊险一跳，开辟自己的第二曲线，从原来的高铁、煤矿和电力行业的供配电市场进入新能源汽车充电市场？为此，特锐德在过去的 10 年里，前后投入 10 亿元研发资金、1 300 多人的研发团队，获得了 1 300 多项专利，打造了"特来电"这个新品牌和独立的子公司，完成了自己的第二次创业（见表 2）。

表 2　特锐德的发展历程

发展历程	主要产品	行业	重大事件	发展模式
生存期 （2004—2006）	箱式变电站	铁路为主，同时进军煤矿、电力等行业	第六次铁路大提速和电气化改造	细分缝隙市场上的产品创新
成长期 （2007—2009）	箱式开关站户内开关柜	铁路、电力和煤矿并举。向产业链上游进军，丰富自己的产品线。箱变售卖到箱变租赁	市场多元化，与西门子合作，向上游产业链延伸	以内生有机式增长为主，建立战略合作伙伴，进入多个行业，分散风险

续表

发展历程	主要产品	行业	重大事件	发展模式
从巅峰到低谷，遭遇重大挫折（2009—2014）	用于高铁场、城市轨道交通的环网柜、GIS产品；用于智能电网的高压组合电器	开始进入新能源汽车充电、新能源互联网＋生态系统、光伏产业	甬温动车事件、《新能源汽车产业发展规划（2021—2035年）》发布；收购广西中电，与西门子签订战略合作协议，控股四川乐山—拉得、山西晋能等	尝试并购，广泛建立战略性合作伙伴
第二次创业（2014—2019）	无桩充电	开始进入新能源汽车充电、新能源互联网＋生态系统、光伏产业	与北汽新能源、乐视等达成战略合作，建立特来电公司，开始进军海外市场（例如，韩国）	内生和并购并重，进入新兴市场，发展第二曲线，快速出击，跑马圈地
近两年情况	特来电，特来钱，特有缘，特带劲			

或者"专精特新"企业不应该满足于偏安一隅、小富即安，而应该沿着产业链进行纵向一体化整合，或沿着产业生态系统的左右岸进行横向整合，把产业链上的更多关键环节掌握在自己手里，从而实现降本增效、质量可控、生产技术诀窍不会外溢？在这方面，扎根四川绵阳涪城区二十多年的天虹丝绸给我们提供了一个如何成为"名特优新"现代农业企业的典型案例。它所生产的6A级生蚕丝，直供国际一线奢侈品大牌像LV和爱马仕等，并穿在参加APEC峰会的国际领导人身上。

一般来说，农业企业或者涉农企业因为受制于地理环境、独特的气候土壤以及农村社会复杂的人情关系、难以明说的乡土知识和组织管理知识的影响，只能进行有限程度的纵向一体化。例如，产于茅台镇的酱香型白酒、产自阳澄湖的大闸蟹、产自福建武夷山的茶叶、桂林米粉、金华火腿等。但是，山东寿光的农业企业已经在全国多点布局，形成了"买全国，卖全国"的态势，其温室大棚蔬菜种植不再局限于山东寿光这个特定的地域。特别是，寿光的农业企业重金布局"预制菜"，变得更像一家制造业企业，而非农业企业，这就给了我们关于战略制定的更大想象空间。

相比农业，制造业完全是建立在标准化的工业生产设备和流程之上，其所受的地域限制相对比较小一些。制造业可以在某一个地方或者产业链的某个环节试点突破之后再在多个地区和国家进行复制，从而完成产业链纵向一体化的整合或者市场多元化的拓展。例如，金风科技，20多年前从新疆起步，现在已经成为风力发电装备制造业的龙头企业，产品在中国市场占据优势地位，并且出口海外。金风科技从产业链的下游切入（组装生产和当地风场运营），不断向上延伸，进入自主研发环节，成为掌握了核心关键技术的全产业链制造商和服务商（见图17）。

但即使同为制造业，因为所在的细分行业不同，商业模式差异也很大。相比金风科技这种跟铁家伙打交道的机械制造业来说，药明康德作为一家主要从事CRO（医药研发合同外包服务机构）和CMO（医药合同生产外包服务机构）业务的龙头企业，纵向一体化的程度略低一些。因为比起风力发电或者化工制药，大分子的生物制药更依赖高素质的研发人员和生产工程师。特别是，生物制药的活性更强，生产过程品质管控更难，

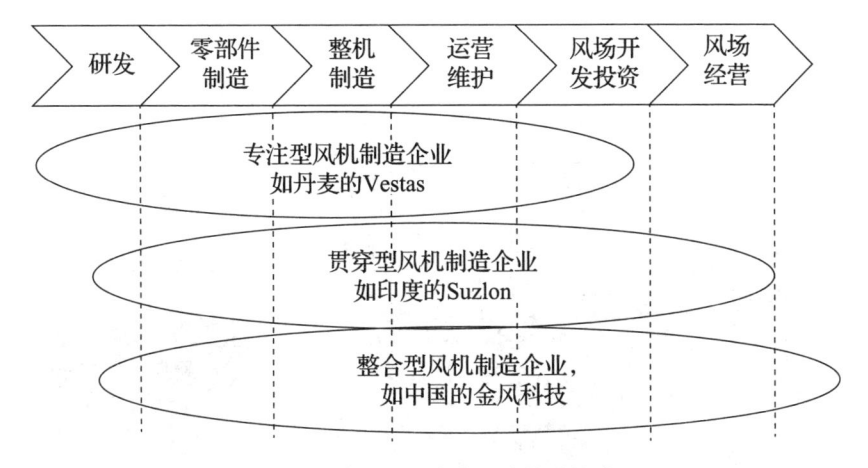

```
研发 → 零部件制造 → 整机制造 → 运营维护 → 风场开发投资 → 风场经营
```

专注型风机制造企业
如丹麦的Vestas

贯穿型风机制造企业
如印度的Suzlon

整合型风机制造企业,
如中国的金风科技

图17 案例：风能产业价值链构成

所以美国等西方发达国家不愿意也不可能把生物制药的关键环节大规模进行外包。

或者如同某些具有浪漫气质、理想主义的创业者一样，初创企业基于某种特定的价值观或者社会责任感，从自己熟悉的细分市场进入多个新的细分市场，进行多元化扩张？2011年，一个南非小伙子（Grant Horfield，中文名高天成）在浙江莫干山创立了高档休闲度假酒店品牌——裸心（Naked）。在获得初步成功之后，从2015年开始，高天成和他的中国妻子——从哈佛大学毕业的建筑设计师，以及一个以外国人为主的高管团队，逐渐把"裸心"品牌拓展到了裸心社（共享办公）、裸心味（绿色有机餐饮）、裸心飞（多功能一站式学习中心）等（见图18），致力于打造具有中国美学特点、适合高级白领和富豪阶层生活方式的平台（"快乐裸心、返璞归真"）。但是，因为缺乏足够的资源支撑和强大的管控能力，也因为所进入的每一个细分市场里都有大量的竞争对手，这种非相关多元化的战略大概率不会成功，或者经营业绩不佳。

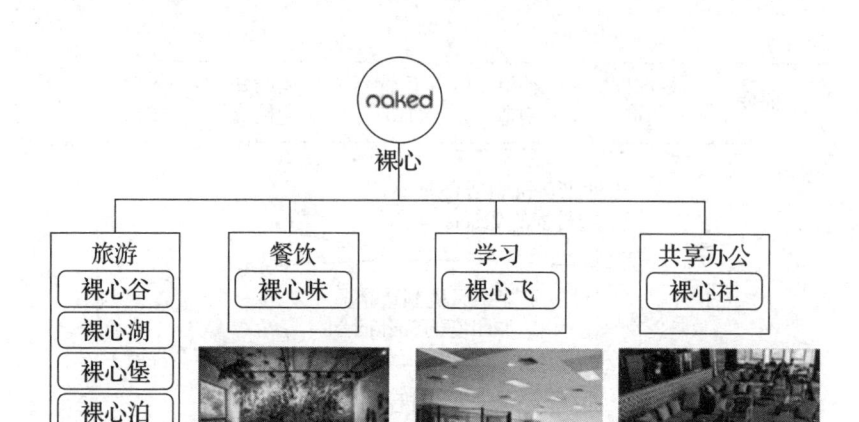

图 18　裸心品牌

主要研究结论

　　类似山东默夙集团这样的企业还算是"隐形冠军"吗？还算是"专精特新"企业吗？它所进入的业务领域是不是太多了？这种商业模式成功的概率如何？这种在某一个细分市场上获得成功之后快速实行相关多元化的情况，在中国是不是更加普遍？这种情况是不是更符合中国的营商环境？这样的问题，我们可以不断追问下去。

　　在研究了30多家曾经的"专精特新"企业的发展历程和所采用的战略之后，我得出如下基本观点：

　　第一，企业最初走上"专精特新"之路的起点各有不同，其中创业团队的基因和初始资源的类型与多少影响企业的发展路径。典型的模式有两种：一种是创始人是技术出身，主要依靠自身所积累的技术资源，从工艺流程改进或者产品改善起步，然后一点点进入产品创新、颠覆式创新、集成创新等更高级和更复杂的创新阶段。另一种是创始人主要是销售人员出身，前期主要是与科研院所（或者其中的某些专家个人）合作，以订单和项目等市场驱动为主，凭借拼凑式的资源整合，完成了资金的原始积累之后，逐渐加大对研发的投入，组建自己的研发团队，进而走上"专精特新"之路。前一种企业在技术上有优势，但是在营销和管理上并不一定在行；而后一种企业技术能力上有所欠缺，但是重视市场开发、品牌建设以及商业模式创新。

第二，"专精特新"之后的道路是非常多样化的，没有一种单一战略适合所有企业。这些企业的战略起点往往是相似的（先做深做强，再做大），可是越到后来，路径越不同（请参考下文薄连明总结的企业成长的六种模式）。不过，在任何时候，创始人或者创始团队的雄心壮志和欲望始终是推动企业发展的最大动力或者限制因素。

第三，各种经营要素之间的匹配与耦合（以及不匹配）决定了企业的战略选择。在战略选择中，企业家需要充分发挥悖论整合能力，把握好设计与演化、聚焦与多元化、对特定资源的依赖与解脱、固守传统产业边界与捕捉战略新兴产业机会等之间的动态复杂关系。

第四，在连续性创业中，企业多年积累下来的某些共性关键技术，创业团队掌握的在某种程度上可复制的创业方法论，是企业转型升级、二次创业、三次创业的宝贵资源和核心竞争力。

第五，"专精特新"的灵魂是创新，"专精特新"之后如何走，依赖于持续不断的创新（continuous innovation）。创新有渐进式创新和突破性创新之分，有生产工艺流程创新和产品创新之分，有封闭式创新和开放式创新之分，有单一因素驱动的创新（例如，技术驱动或者市场拉动的创新）和技术—市场双轮驱动的创新、多种流程和要素并行式创新之分，有从单纯的生产制造创新转向服务型制造的商业模式创新之分。所有的"专精特新"企业的持续创新之路，基本上都是一个从无到有，从低到高，从渐进式、局部性、生产工艺、封闭式、单一因素驱动的创新逐渐转向突破式、全面性、开放式、多种流程和要素驱动、并行整合式创新的过程。优秀的企业在创新之路上一浪高过一浪，逆水行舟，不进则退，创新则永无止境。

第六，从优质中小企业梯度培育体系的角度来看，工业和信息化部鼓励"专精特新"中小企业在成为"小巨人"之后，继续成为"单项冠军"（主要是市场占有率提高，国际化程度进一步提高）；而成为"单项冠军"之后，则是继续向上攀登，成为产业链的领航企业。这是一条人间正道，值得绝大多数企业共同走过。

关于领航企业，虽然工业和信息化部出台过相关文件〔例如，《工业和信息化部关于印发〈培育制造业领航企业推动产业链协同发展工作方案〉的通知》（工信部产业〔2019〕280号）〕，但是，一直没有具体可操作的评选标准，也没有哪家全国性机构负责评选领航企业，倒是部分省市自己出台了关于领航企业的政策文件。我认为，领航企业的职责主要有两个：一是在战略新兴产业领域大胆探索和布局，像华为一样在某些领域突入无人区（例如，鸿蒙操作系统、5G＋各种行业应用场景），在全世界范围内与外国一流企业进行竞争，为量大面广的中国中小企业在前面带路，做"领头雁"和"排头兵"。二是展现出更高水平的社会责任，以产业家的情怀、抱负和利他精神，将自己的资源和需求开放出来，以多种方式促进大中小企业的融通创新，营造丰富的产业生态系统，带动产业链的不断升级。

第七，关于企业发展路径的多样性，我们应该秉持包容开放的态度。商业组织，英文名字是 business organization，而人和动物、植物，也是 organic，是一种有机物、一种组织。但是，前者是人造之物，而后者是自然演化的产物，两者呈现非常不同的成长路径。人、动物和植物因为有基因密码暗自规定了成长路径，所以其成长模式表现出明显的生命周期，到了一定的年龄阶段就呈现出某些典型特征。企业或者商业组织则变化多端、丰富多彩。有的企业成立不久就可以快速成长为巨人（例如，独角兽企业、瞪羚企业），而有的企业成立很长时间，一直是长不大的侏儒，而且永远也长不大，一直到死。但是，也有个别中小企业，在成立之后很长时间内，一直是一家默默无闻的路人甲企业，也有可能某天突然勃发，在一条完全不同的赛道成长为大象，再成为恐龙，然后，恐龙再变成大象，大象再变成老鼠。例如，诺基亚是一家芬兰企业，150多年以前刚创立的时候，只不过是一家经营伐木、造纸、胶鞋、轮胎和电缆的小公司，50年前才开始进入无线通信领域，而2008年前后达到自己的辉煌顶峰，从此开始走下坡路，差点破产，最近又起死回生。所以，我们对于企业成长的路径要秉持一种更加包容开放的心态。

在我看来，"专精特新"企业本身也非常多样化，没有一定之规。有的是金丝楠木式的，每年生长一点点，需要很多年才能成长为一棵栋梁之材，它们的木质细密，结实可靠。这种企业一般是在某个细分市场上生产特殊的配套产品，产品销量一般不大，但是需要有极强的工匠精神。而有的"专精特新"企业是竹子式的,在黑暗的地下需要默默无闻地煎熬很多年,但是,一旦破土而出,每天就可能生长十几厘米。这种企业一般属于硬科技企业,它们的产品有非常强的基础性和通用性,有非常多的应用场景。例如,由留学归国人员江必旺所创建的纳微科技,该公司从事高性能纳米微球材料研发、规模化生产、销售及应用服务,为生物医药、平板显示、分析检测及体外诊断等广泛而异质的客户群,提供核心微球材料及相关技术解决方案。类似纳微科技这种企业,它们的产品研发周期非常长,投资巨大,但是,一旦产品开发成功,技术壁垒也很高,可能面临爆发式增长。

集企业家和学者身份为一身的薄连明总结出他所认为的企业成长的六种模式,分别是独木式、绿藻式、竹林式、森林式、竹笋式和胡杨式。而我也把自己所研究的部分企业的案例信息、类型和结论呈现在表 3 中。

表3 企业成长的模式分类

	典型案例	核心点	核心竞争力	成长路径和模式	成功概率
基于市场机会的多元化	20世纪90年代到21世纪初众多失败的案例		不足(主要依靠价格战和广告)	宽泛,而且不相关	很低
持续创新+国际化+数字化	德国的"隐形冠军"	产业相对比较成熟	持续创新能力+国际化团队+工业4.0	聚焦+持续创新+市场的横向扩张	很高
基于价值观的多元化	裸心	休闲度假酒店,共享办公,餐饮,教育,旅行等	价值观,设计能力,生活方式	宽泛,而且相关度低	较低

续表

	典型案例	核心点	核心竞争力	成长路径和模式	成功概率
一般性的"专精特新"或者创新型中小企业	中讯四方	表面声波滤波器，对客户的快速响应，从芯片到模组、从军品到民品等	比较缺乏内部的研发创新能力，主要依靠个人或者外部合作	依靠生产流程、技术创新、成本创新、客户服务和响应速度	中等
产业链纵向一体化（有限度的）	天虹丝绸	蚕丝，地域	产业知识、乡土知识和组织知识	窄，专注，很难复制	较高
产业链纵向一体化（高度的）	金风科技（以及药明康德）	进入时机、所在的地域、行业的知识诀窍	本地风场的情况、政府资源、系统整合能力	从产业链下游向上游进行全产业链整合	较高
基于同一种资源的相关多元化	默凤集团	卤水，地域，从化工到文创	围绕某种资源进行充分挖掘，吃干榨净	宽泛，相关多元化	中等，风险可控
不断舍弃的旧业务，进入价值链高端+适度多元化	渔岛	海产养殖+旅游+特色旅游产品开发，避免单一产业的风险	独特的地理位置、海浪式创新，变靠天吃饭成为稳定的现金流收入	从价值链的低端向高端不断延伸，同时，适度多元化	较高，风险程度中等
专精特新"小巨人"	壹石通	电池隔膜、阻燃材料	内部研发团队、科学家个人的能力、与科研院所合作	聚焦和专注于某几个产品	较高

续表

	典型案例	核心点	核心竞争力	成长路径和模式	成功概率
底层核心技术＋多应用场景＋名配角＋国际化	舜宇光学	人才队伍、技术密集型、员工持股、领先一步的产品开发、优秀的组织文化	产品持续创新能力＋关于细分行业的深度知识＋复制战略	点—线—面，从光学产品制造商向智能光学系统解决商、从仪器设备生产商向系统集成商转变	很高，风险可控
多种经营的"单项冠军"产业集团	豪迈集团	进入多种细分市场，稳健多元化	全员创新、持续改善、组织文化、优秀的团队、共性技术、可复制的方法论等	细分市场、产品线宽、彼此之间相关程度中等	很高，风险可控，负债率很低
基于能力的相关多元化＋新兴市场机会	特锐德集团	配电、变电、储能等共性技术，第二曲线	组织文化、优秀的团队、并购、资本市场的助力、捕捉新兴市场机会的能力	产品线宽、新兴市场、彼此之间中等程度相关	较高，风险中等

独木式：业务聚焦，依靠自身资源，缓慢复制，类似骆驼（即以耐力著称的骆驼型企业），例如，海底捞、星巴克等。这类企业在传统行业中较为多见。

绿藻式：业务聚焦，借助风投资本超速扩张，类似独角兽（即以短程速度著称的独角兽型企业），例如，共享单车等。大多数消费互联网企业属于这类。

竹林式：高相关性的多元业务共生（包括与价值链上游技术供给相关，或者与价值链下游客户需求相关），例如，小米、阿里巴巴、字节跳动、海尔、华为等。大多数大型企业倾向于这一模式，这也是最为普遍、备受推崇的企业发展模式。

森林式：低相关性的多元业务共生，例如，过去的通用电气，以及大多数集团型企业，尤其是日本、韩国、东南亚华人企业集团。

竹笋式：雨后春笋，快速成长，并会发生从竹笋到竹子的质变。这比喻企业业务发生重大转型，例如，IBM、诺基亚等。转型一般是在原有行业发生巨变情境下的被迫选择，但是，有时也是主动选择的结果。

胡杨式：胡杨千年不死、千年不倒、千年不烂。这比喻长期主义导向，初心始终不变，例如，全聚德、云南白药等。这类企业在百年老店中常见。

7

龙头企业如何带动"专精特新"企业共同成长？

"专精特新"与融通创新：一体两面

过去半个多世纪里，全球产业分工由产业间分工向产业内、产品内分工不断转变，越分越专业、越分越精细，催生出数量繁多的"专精特新"企业。举例来说，一部苹果手机需要十几个国家上千家供应商之间密切配合，最后才能在中国装配出一部完整的手机。苹果产业链上的这些企业生产的都是中间件，不是最终产品。这些企业的业务都属于B2B，而非B2C，所以，它们绝大多数不为普通消费者所熟知，被称为"隐形冠军"。而在中国，它们有另外一个更为本土化的名字："专精特新"企业。

产业分工越分越细的同时，也需要更高水平的融通创新。因为产业分工越分越细，就会出现信息不对称和市场失灵的问题。中小企业开发出一个产品来，并不一定能准确地知道市场上哪些龙头企业需要自己的产品做配套。而龙头企业也不一定知道在市场上能找到什么样的供应商,以及它们的产品品质能否达到自己所要求的标准,是否稳定可靠。所以,如何促进大中小企业融通创新就成了产业发展中的关键问题。

从国家视角来看,"专精特新"是基础和前提,融通创新是手段和过程,而保持产业链的安全、稳定和竞争力才是终极目的。在大中小企业融通创新发展的过程中,涌现出几百家、上千家有国际竞争力的龙头企业和一大批"专精特新"配套企业,这才是中国的战略目标。

如果说"专精特新"是中小企业发展的必由之路,那么融通创新这个概念主要是针对大企业、平台型企业、国企、产业资本、创业服务机构、高校和科研院所等。融通创新首先要求大企业要有大局观、远大的战略眼光、较高的政治站位,要把引领和支撑中小企业的发展当作责无旁贷的事情;同时也要求中小企业秉持长期主义,坚守主业,有能力为龙头企业做好专业配套,精准卡位产业链上的堵点、断点。所以,"专精特新"与融通创新之间是一体两面的关系,密不可分。

推进融通创新的挑战和动机

融通创新比"专精特新"更难,不管是知识上的融通,还是产业链的融通。作为一个学过物理学、心理学和管理学的人,我也是经过多年的努力才逐渐体会到将分门别类的知识融会贯通所带来的认知上的融贯性(coherence)。融贯性一直是一种很高的学术追求和境界。

为什么大中小企业融通创新很难？因为这涉及多利益主体，这些利益主体可能在信息上不对称、在关系上不够信任、在资源上无法共享、在行动上无法协调。不同于已经产生了相当社会影响的"专精特新"企业评选和认定工作，对于如何促进大中小企业融通创新，政府缺乏切实可行的抓手，更多停留在宣传上，很少见真章。试想一下，一家大企业在某个关键设备上以前使用国外配套产品，现在要鼓励它更换供应商，采用某家名不见经传的小企业的产品，那么这家大企业在很大程度上是有顾虑的。所以，我们需要深入研究大企业参与融通创新的动机、障碍等，做好政策设计。

我曾就相关问题咨询过中国信息通信研究院某高级工程师，她在微信里答复如下："您所谈到的这几个问题确实都是融通创新的主要问题。就大企业而言，传统上确实是缺乏动力和积极性的，但是在智能制造、高端制造等对供应链能力要求较高领域，以及互联网平台等生态型领域，大企业并不缺乏融通的动力。所以，激发大企业的动力核心还是要让大企业看到利益点。供应链、信息链的优化对大企业是有吸引力的，但是目前的情况是中小企业专业化能力不足，一是没有能力与大企业在核心技术、工艺、标准、市场等领域平等对话、交流；二是达不到大企业对供应链稳定产能、工艺和技术迭代的要求；三是从整个供应链的角度，中小企业还处于比较低端的地位，对于供应链的影响力和话语权几乎没有，也就无法帮助大企业优化供应链。这个问题是双向的，目前看，从中小企业侧入手相对现实一些。"

根据我的粗浅观察，大企业融通创新的动机和障碍至少可以分为四类：

（1）对国家行政命令或者政策的被动式反应。这以国企为主。

（2）基于短期商业利益的市场化行为。也就是基于纯粹的市场交易，随时有可能因为价格和质量等原因更换供应商，比较脆弱。

（3）基于长期战略的主动性行为。一般是因为行业领袖的前瞻性引导和投入而建立的生态链和生态圈，彼此之间遵循心照不宣的群体规范和明确的合同交易。

（4）超越商业利益考量的企业社会责任和ESG行为。某些大企业所做的事情并不一定能给自己带来直接的经济利益，但是，它们从整体上有助于创造更加有利的营商环境，降低创新的门槛和成本等。

关于融通创新的相关政策

在中国，如果要研究中小企业，一定要仔细阅读2018年1月1日生效的《中华人民共和国中小企业促进法》（简称《中小企业促进法》），透彻理解其背后的深层逻辑，它是中小企业发展的根本大法。

仔细阅读近几年国家出台的关于中小企业发展的相关政策文件，你会发现这些政策文件背后的逻辑架构基本上都是按照《中小企业促进法》来演绎的，行文布局一一对应。例如，《中小企业促进法》中第二章"财税支持"、第三章"融资促进"、第四章"创业扶持"、第五章"创新支持"、第六章"市场开拓"、第七章"服务措施"、第八章"权益保护"、第九章"监督检查"等，这些内容在《为"专精特新"中小企业办实事清单》《优质中小企业梯度培育管理暂行办法》等相关文件中也能清楚地看到。

《中小企业促进法》本身就涉及大中小企业融通创新的政策。

但是，作为根本大法，《中小企业促进法》只能提供一些宏观性指引，更详细的配套措施则需要其他法律法规来明细。关于大中小企业融通创新，最直接相关的文件有两个：一个是2018年11月工业和信息化部等四部委联合印发的《促进大中小企业融通发展三年行动计划》（简称《三年行动计划》）；另一个是2022年5月工业和信息化部等十一部委共同印发的《关于开展"携手行动"促进大中小企业融通创新（2022—2025年）的通知》（简称《携手行动》）。前者是由四部委联合发布的，包括工业和信息化部、国家发展和改革委员会、财政部、国务院国资委；后者则包括了其他更多的部委，共有十一个，包括国家发展和改革委员会、科技部、人力资源和社会保障部、中国人民银行、国务院国资委、国家市场监督管理总局、银保监会、全国工商联、国家知识产权局等。这说明融通创新本身就是一件很艰难的事情，需要整合更多部门的力量和资源，通过部门联动、上下推动、市场带动，促进大中小企业融通创新。

仔细比较关于融通创新方面的《三年行动计划》和《携手行动》，读者会发现前一文件相当单薄，行文结构也不是很有章法，而后一文件政策措施丰富，行文很有逻辑。这也说明经过三年的摸索实践，政府有关部门对融通创新有了更清晰的认知和思路，有了更多的办法和招数，也有了更大的动力和决心。

除了以上两个文件之外，2021年11月出台的《为"专精特新"中小企业办实事清单》中也有12条之多涉及融通创新。而2021年12月发布的《"十四五"促进中小企业发展规划》中也有大量篇幅涉及融通创新。我就不一一列举了。以《携手行动》为例，国家所提出的大中小企业融通创新的战略目标是："到2025年，引导大企业通过生态构建、基地培育、内部孵化、赋能带动、数据联通等方式打造一批大中小企业融通典型模式;激发涌现一批协同配套能力突出的'专精特新'中小企业;通过政策引领、机制建设、平台打造,推动形成协同、高效、融合、顺畅的大中小企业融通创新生态,有力支撑产业链供应链补链固链强链"。这再次印证了我前面所说的,"专精特新"和融通创新是一体两面的关系,"专精特新"主要是中小企业的任务,而融通创新更多是讲给大企业的。

《携手行动》中明确提出了"七链计划","七链"分别是:(1)创新链——以创新为引领,打造大中小企业创新链;(2)产业链——以提升韧性和竞争力为重点,巩固大中小企业产业链;(3)供应链——以市场为导向,延伸大中小企业供应链;(4)数据链——以数字化为驱动,打通大中小企业数据链;(5)资金链——以金融为纽带,优化大中小企业资金链;(6)服务链——以平台载体为支撑,拓展大中小企业服务链;(7)人才链——以队伍建设为抓手,提升大中小企业人才链。总之,《携手行动》中所提出的丰富多彩的融通创新的类型,是对已有实践的提炼总结,同时,也体现了政策制定者关于未来实践的想象力,有很强的指引性,如果能够真正落地,就有可能达到"协同、高效、融合、顺畅"的效果。

融通创新的一些典型模式

关于"专精特新"的案例研究,现在已经涌现出不少,但是,关于融通创新的案例研究并不多,主要是因为融通创新涉及多利益主体，需要从不同的企业收集相关信息，做调研时工作量非常大。我曾经相对深入地研究了五六个关于融通创新的案例，包括深圳湾科技园区、海创汇、小米和百度等。以下关于融通创新的典型模式，更多是提纲挈领式的，并未穷尽所有的可能，只是为有志于深入研究的读者提供一个大致分类的框架。事实上，下面提到的任何一个典型模式案例，都值得花两三周时间，写出一个三四十页的案例。

（1）生态链融通模式。鼓励大企业构建产业生态，为生态链内优质中小企业提供全方位生态资源。如小米公司。

（2）供应链融通模式。推动大企业加强对配套企业工艺流程、质量管理、标准体系等方面的提升带动。如华晨宝马、格力电器。

（3）基地孵化融通模式。鼓励大企业建设创业孵化基地，通过资金、产业链支持等方式，重点在产业链上延伸孵化中小企业。如TCL创客空间。

（4）平台赋能融通模式。鼓励大企业建立赋能平台，开放市场、品牌、技术、设计等资源，赋能中小企业创新发展。如海创汇等。

（5）数据联通融通模式。通过工业互联网平台，鼓励中小企业更广泛、更深入地融入大企业主导的产业链和生产运营体系。如海尔卡奥斯平台、三一重工的根云工业互联网平台等。

（6）内部孵化融通模式。鼓励大企业在公司内部培育创业团队，围绕产业链进行裂变，创办更多中小企业。如中国移动等。

（7）产业集群融通模式。中小企业在大企业周边区域布局建厂，就近为大企业提供配套产业服务。如美的集团所在的北滘聚集着一批与美的有关的配套企业。

(8) 科创园区融通模式。超越传统的产城模式,科技园区与大企业进行战略合作,同时吸引中小企业入驻,为大企业做产业配套。然后以高端产业创新资源作为招商引资的重要手段,搭建其他的产业服务、商业服务、公共生活服务平台。甚至进一步,在全国范围内进行产业梯度转移,为二三线城市的招商引资提供科技园的规划和运营服务。如深圳湾科技园区。

(9) 创新角度的融通创新。从科研到成果转化,从实验室到产品,从单品到量产,各个环节均纳入创新驱动,以创新链条支撑科技经济融通发展。如江苏省产业技术研究院、上海盛知华知识产权服务有限公司。

(10) 创业服务角度的融通创新。通过搭建产业共性科技服务平台,为大中小企业融通发展提供机会。如长三角(嘉兴)专精特新企业服务基地。

(11) 投资角度的融通创新。大公司主导的 CVC 生态投资模式,包含了前瞻性投资、圈层生态投资、全产业链投资,通过投资让产业之间融通。例如,联想创投、华为哈勃、小米长江等都比普通的风险投资投出了更多的"专精特新"企业。

(12) 人才角度的融通创新。产教融合、人才流动可以促进产业的融通。代表有德国的双元制和三元制教育。在中国,有江苏太仓围绕当地德国企业引入双元制教育模式;而在山东潍坊,则有默凤集团和豪迈科技建立了自己的职业教育;还有百度打算培养 500 万 AI 高技能人才的"大国智匠"计划。

在中国知网中搜索"融通创新",关于这个主题的论文目前屈指可数。清华大学经济管理学院陈劲教授和他的学生发表了两篇与之相关的文章,其中一篇题为"融通创新视角下关键核心技术的突破：理论框架与实现路径"（《社会科学》，2021年第5期），在这个问题上进行了最早的理论探索（见图19）。仔细阅读仅有的几篇论文之后，我得出如下结论：当务之急不是"发射空对空导弹"，构建大而全的分析框架，而是深入到丰富、复杂的现场，在大量案例研究的基础上，归纳出融通创新的典型模式，再提炼理论框架，否则，写出来的学术论文晦涩难懂，读起来令人不知所云。

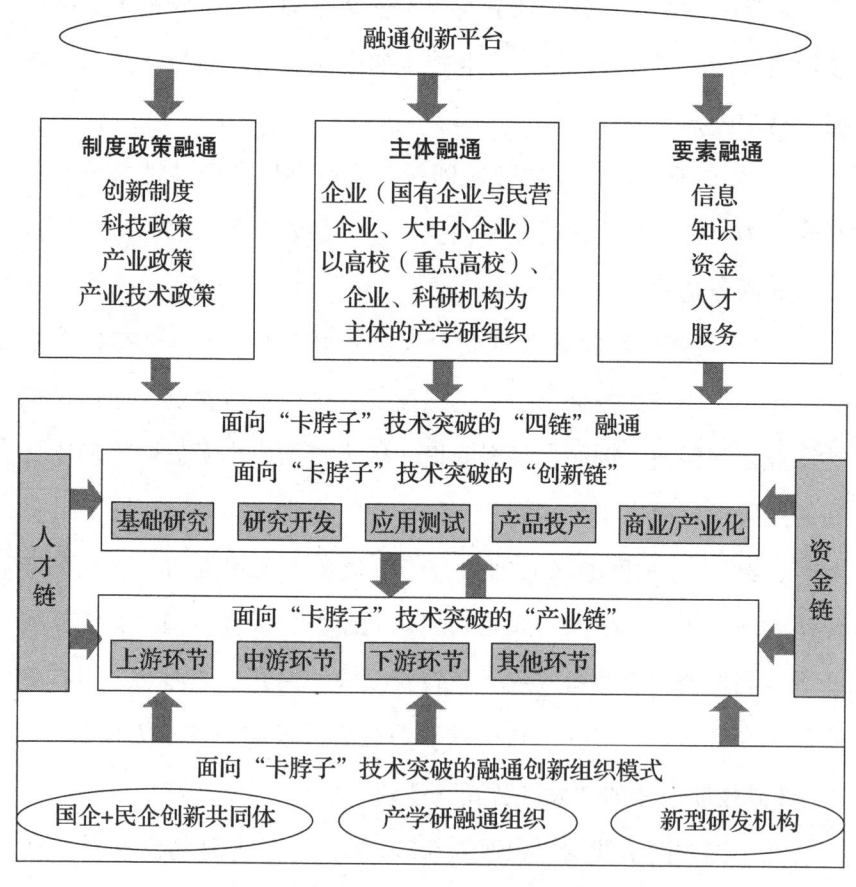

图19 融通创新视角下"卡脖子"技术突破的整合框架

案例分析：百度公司如何促进大中小企业融通创新？

近来我三次走入百度公司参访。这三次参访极大地改变了我和其他参访者对百度的旧印象（例如，搜索引擎公司、广告营销公司），让我对百度公司自2013年以来的转型升级（第二曲线）有了比较清楚的认识。

百度成立于1999年，以中文搜索引擎起家。从2013年起，百度开始了自己的第二次创业。秉持"用科技让复杂的世界更简单"的理念，百度投入巨资布局未来科技，连续多年研发强度超过17%，甚至高达23%，这在中国的科技企业里是惊人的。我们知道，华为的研发强度常年保持在15%左右，而中国民营企业500强的平均研发强度大概是3.5%。

截至目前，百度成功构建了三大业务板块，包括百度APP（月活跃用户6.3亿以上）、百度智能云（云智一体化，中国排名第一的公有智能云）、智能驾驶和其他业务（包括中国自动驾驶第一名的Apollo、全球出货量第一的智能屏小度、中国第一云端全功能AI芯片——昆仑芯片）。百度已经成功转型升级为一家"拥有强大的互联网基础的领先AI公司"。

在这个转型过程中，百度收获了诸多荣誉，包括连续三年其科技成果被MIT评为"十大突破性科技"（2016—2018年）、连续三年入选"全球50家最聪明的公司"（2018—2020年）；被《福布斯》杂志中文版评为"50家最具有创新力企业"（2019年）；也是《哈佛商业评论》所评选出来的"全球四大 AI 公司"之一（2020 年）。2017年，百度凭借 Apollo 自动驾驶技术被科技部授权牵头建设国家自动驾驶开放平台。在劳资关系方面，百度也被《福布斯》杂志评为"全球最佳雇主""中国年度最佳雇主全国百强"（2020 年）等。

作为一家高科技企业，百度除了不断夯实自己的科技实力之外，也在大中小企业融通创新方面做了不少工作。我在这里简要概述一下百度的相关实践，并与《携手行动》中的"七链计划"进行比照。初步研究表明，百度在融通创新实践方面几乎覆盖了"七链计划"的方方面面（见表 4）。

表 4　百度的融通创新实践

百度融通创新实践	"七链计划"	现状诊断和未来建议
百度营销	服务链	非常强，但是需要更高的商业伦理底线，在移动互联网方面突破
百度飞桨	创新链	很强，知识外溢，知识共创和共享，生态系统的营造
百度 Apollo 智能驾驶平台	供应链、产业链	很强，但是面临华为的有力竞争
百度 AI 青年科技人才计划	创新链、人才链	很强，赋能 AI 教育，传递 AI 火种，持续培育青年科技人才
百度"大国智匠"人才培养计划	人才链	很强，主要是培养操作性的 AI 高科技人才
百度风投等	资金链	较强
百度智能云	数据链	很强，促进中小企业数字化转型，发挥百度的企业服务基因优势
百度网盘	数据链、服务链	向上的空间很大。除了提供创新资源之外，还可以在知识产权保护、品牌传播等方面进行探索

首先，百度营销目前仍然是百度的主营业务，占营收比例至少在 60%。20 多年来，百度营销伴随中国数百万中小企业共同成长，解决了中小企业不同发展阶段的营销、增长问题。特别是，百度目前正在升级相关服务，推出了"基木鱼"系统解决方案，力图带动千百万中小企业的线上营销，以应对新冠疫情所带来的巨大冲击。

其次，百度奉行云智一体化战略。云是基础，百度大脑和百度飞桨是核心，而丰富的生态系统是翼。百度大脑是中国领先的软硬件一体化 AI 大生产平台，而百度飞桨（PaddlePaddle）是中国首个自主研发、功能丰富、开源开放的深度学习产业级平台。在这个平台上，有"400+"算法和模型的产业级模型库，助力能源、制造、交通、医疗、农林、金融等行业智能化升级。百度智能云是中国排名第一的公有智能云供应商。百度智能云旗下的百度网盘 2022 年 7 月初与中国工业互联网研究院合作，为 10 万家中小微企业捐赠了价值 7 000 万元的企业网盘，力图降低中小企业数字化转型的成本。

百度 Apollo 智能驾驶平台是百度 AI 生态中最重要的赛道。百度与超过 210 家生态合作伙伴、超过 8 万名的全球开发者进行合作，这使得百度在智能驾驶领域成为中国的领跑者、普及者和国家队。其智能驾驶汽车的测试里程已经超过 1 000 万公里，在中国 10 多个城市开始落地运营。

走进百度，很多人都觉得百度是中国公司中最像大学的。在公司内部，大家互称"同学"；而对资历更深的专家，则以"老师"相称。为了带动 AI 产业的发展，百度发起了 AI 青年科技人才计划，通过与"100+"家大学进行深度人才培养战略合作，为各个学科领域教师深度赋能，持续培养青年科技人才。除此之外，百度还发起了"大国智匠"人才培养计划，打算未来五年为中国培育

500万AI操作型高技能人才，这些AI智匠们将活跃在工业质检、电网巡检、污水处理等领域，从而大大提高工作效率。

除此之外，百度风投沿着百度的产业生态进行投资，投出近12%（36/316家）的专精特新"小巨人"企业。相比普通的金融资本和风险投资，百度这样的产业资本在投资之前，更了解产业信息（本地化、局域化、分散化的内隐知识、复杂知识和粘滞知识），了解产业链配套情况和技术壁垒。而投资之后，可以对被投企业进行技术赋能，为其提供渠道和市场、品牌背书等。所以，百度更适合作为"专精特新"企业的同行者、赋能者。

小结：创新需要生态系统的支持

有一次，在回答华为成功的秘密时，华为顾问田涛先生脱口而出："任正非＋深圳改革开放的大环境"。同样，百度的成功也离不开李彦宏的个人领导力、北京作为中国互联网产业的高地以及中国在二三十年里所培养出来的大量计算机人才等。创新型中小企业的成长也离不开营养丰富的生态系统的支持，特别是龙头企业的带动作用。关于创新生态系统的研究，又将我的研究和思考自然而然地引向了中小企业特色产业集群的培育工作，这也是工业和信息化部目前关注的重点工作之一，那将是一个更加精彩和复杂的故事。

围绕中小企业特色产业集群，建设1 000家工程技术创新中心

写在前边的话

2022年5月24日，上海封城一个多月之后，北京也近乎封城。自从4月底之后，我一直蜗居在家，无法去办公室工作。面临中考的孩子占用了家里唯一的台式机上网课；我只能见缝插针地，在清晨、中午或者深夜，在她不使用电脑的时候写作此文。

为了写这篇短文，我翻箱倒柜找出一台2007年买的索尼笔记本电脑，一个字一个字地敲击。电脑的速度实在太慢了，重装之后，甚至都无法安装微信。特别是，光标定位不准确，键盘有问题，经常产生输入错误，令人崩溃。所以，在这篇文章中，我无法引经据典、发表长篇大论；我只能安慰自己，重要的是想法的可行性，而不是文采。好几次，我都想放弃，可是转念一想4 600万挣扎在死亡线上的中小企业，想想将近1 000万即将毕业，但是正在苦苦寻找工作的大学生，我最后还是坚持把最核心的想法表达了出来，公之于众，希望引起相关部门的重视，采纳其中的合理想法，付诸实践。

当前中国面临的三大紧迫问题

中国当下最紧迫的问题之一，根本不是某些经济学家所说的要不要建县域大学（这基本上不可行），不是培养更多的大学生，而是如何解决每年 1 000 万大学生的就业问题，特别是其中受过基础科学训练的 100 多万硕士生和博士生的就业问题，如何充分发挥他们的人才红利。我们坚决不能让清华大学核物理专业毕业的博士去当城管，否则是对其个人 20 多年所受教育和国家人力资本的巨大浪费，那将是我们这个时代和国家的悲哀！

中国当下最紧迫的问题之二，不是鼓励大学和科研院所里的研究人员去追逐世界学术前沿的热点问题，在国际期刊上用自己并不擅长的英文发表论文，借此提升中国大学的国际排名，而是向内看、向下看，面向 4 600 万家中小企业解决它们的生存问题和发展问题。围绕中小企业的应用技术研究不需要什么"高大上"的颠覆式创新，用不了非常高级的人才。它们可能只是一些不起眼的小问题，低科技含量的，可能只需要在现场、在生产线上持续改善而已。根据相关报告，中国企业自己研发的专利的商业化率大概在 30%，科研院所的科技成果转化率可能在 10% 左右，而大学科研成果的转化率不足 2%。虽然这里面存在基础理论研究和应用技术研究之间的分野，但是，中国科技成果转化率低的事实，路人皆知，毋庸赘言，必须尽快改善。

中国当下最紧迫的问题之三，就是提升中小企业的研发能力。

绝大多数中小企业在研发投入上的支出，不及自己销售收入的2%（国家高新技术企业申报所要求的研发强度的基线是5%）。疫情重压之下，企业节衣缩食，首先会砍掉对未来的研发投入，艰难度日。即使是在经济繁荣的时候，中小企业也没有多少钱去搞研发，也不敢投入资金、招募人员去搞研发，因为研发的周期很长，失败率太高，正可谓"不创新等死，创新是找死"。那么，在这种困境下，提升中小企业研发水平的方案具体何在？解决大学生就业问题，尤其是100多万硕士生和博士生就业问题的突破点何在？我个人认为，就是把以上三点结合在一起，用硕士生、博士生群体打造一支充满激情的生力军，服务于中小企业研发能力的提升，尤其是"专精特新"企业研发能力的提升。

首先，我们不要寄太大希望于大中小企业融通，因为大企业、国企等缺乏这方面的动力和积极性，很难让它们开放自己的研发资源给中小企业。目前已有的一些工程技术创新中心，中小企业参与很少；从中获益很少；已经建成的一些工程技术创新中心看起来更像是大企业把自己的研发中心切割了出来，让政府财政买单。

其次，也不要寄太大希望于改变现行的大学和科研院所的体制，让它们搞面向中小企业的应用技术研发，因为积重难返，它们的发展路径已经彻底锁死了，此路不通。必须另辟蹊径，大胆畅想，突破坚硬的现实，变不可能为可能。

最后，也不要寄希望于中小企业在各种政策或者舆论宣传的鼓励下，会投入真金白银搞研发。活着已经不易，很难让它们在此时此刻抬头展望明天。唯一的可能性在于中央发挥集中力量办大事的优势，以50多年前"上山下乡"的勇气，或者规划"千年大计"

雄安的勇气，另起炉灶，在全国范围内，建立类似德国的弗劳恩霍夫协会和史太白技术转移中心那样的应用导向的新型研发机构和技术转移机构，解决中小企业研发能力弱的问题，同时解决硕士生和博士生的就业问题，解决科技成果转化低效率的问题。面对当前百年未有之大变局（疫情冲击、中美技术"脱钩"、俄乌战争、全球化分裂、经济断崖式下行等），我们需要有震撼弹级别的体制创新，才能突破重围，找到希望。相比某专家所提出的"建设县域大学"的设想，我相信我下面的基本设想更靠谱、更容易操作，虽然目前不够完善。

围绕中小企业特色产业集群，建立 1 000 家工程技术创新中心

第一，依托中小企业特色产业集群建立共性技术研发机构、工程技术创新中心。产业集群是国家和区域之间竞争的最高策略，被证明是行之有效的。工业和信息化部在《"十四五"促进中小企业发展规划》和其他相关文件中提到，"十四五"期间要重点培育和发展 200~400 个中小企业特色产业集群。我所构想的新型研发机构或者工程技术创新中心，就是紧密围绕着各个地方的中小企业特色产业集群建立的。它们扎根当地，可能是三四线城市或者县城；只做面向产业的应用技术研究，特别是产业集群中的关键共性技术研发和转化；做一些单个中小企业非常需要，但其自身无法独立完成的研发工作和技术孵化与转移。

第二，机构性质。采用事业编制或者竞争性国有企业，以此来解决研发人员的安全感和身份认同。这一点非常重要，对当前的毕业生非常有吸引力，无须多言。政府通过财政拨款，只提供前5年的启动经费（每个工程创新中心可能每年需要投入1亿元左右，共5亿元），但是，必须长期保障研发人员的基本工资收入和"五险一金"，其他收入问题完全依靠研发机构从市场上去解决，迫使它们真正转向服务中小企业，解决实际问题，创造价值。换句话说，中央财政解决启动经费的问题（每个工程技术创新中心前5年共5亿元），当地政府兜底保证解决日常生活问题。但是，活得好不好、赚多少钱是工程技术创新中心自己的事情，工程技术创新中心必须从市场上去找食吃，去大胆竞争。

第三，除了极少数经验丰富的老资格技术专家以外，这个机构必须大胆起用新人，只要求硕士毕业、受过基本的科研训练即可，用这些年轻人为中国的应用技术研究杀出一条新的血路来。我心目中的这些年轻人大概率是当地人，他们在一二线城市的重点理工科院校受过良好的教育，见过了世面，甚至出国留过学，然后回到家乡，扎根当地，服务当地企业。这样做的好处是显而易见的：他们不需要承受大城市的高房价压力，在家乡生活更从容，更容易消除城乡差异和地区发展不平衡问题。这和当前推进县域经济的发展思路是一致的。

第四，研发机构的组织结构。每个工程技术创新中心应该围绕当地的特色产业集群组建，组建三五个研究团队或者更细分的研究中心。这样的新型研发机构，人数保持在100～200人，精练高效。他们的工作地点不是待在自己的办公室里写论文，更多是待在客户的车间和研发中心，待在田间地头或者矿山港口，解决生产制造中的关键技术问题。

第五,自上而下,统一规划,搭建网络化资源共享平台。我们不是建立1 000个独立分散的工程技术创新中心,而是建立一个面向应用技术开发研究的大平台,这个大平台下面分别设立1 000个独立运营的分支机构而已。不同于零散分立的单个研发机构,这些新型研究机构从属于同一个系统、同一种体制。它们有统一的管理制度、最高的治理机构、统一的预算和资源分配机制、统一的业绩考核标准等。按照产业发展的需要,我们还可以按照细分行业组建几百个专业化的研究中心,有可能是智能制造的、生物制药的、电机电器电力的,也可能是水产养殖的、纺织行业的、畜牧业的等。然后,各个地方根据自己的产业发展需要,模块化地组合最相关的三五个专业化研究机构形成一个工程技术创新中心。这些研究机构一定要专注聚焦,切忌贪大求全。因为属于同一个科研网络,所以中心彼此之间可以共享知识、资源和人力。很多共性技术问题,如果当地研发机构无法解决,通过在这个网络内部或者外部进行搜索,就可以充分使用其他地方的优质资源。而且这种专家服务不是免费的,而是基于市场交易的。这些初出茅庐的、以硕士生和博士生为主体的研究人员,不仅依靠自己的能力解决技术难题,更多的是扮演技术经理人的角色,找到业内优秀的专家,借助外力,攻坚克难。

第六,盈利模式。除了前5年5亿元左右的启动经费由中央财政拨款,地方政府只需长期承担研发人员的基本工资和社会福利保障。后期的收入都来自面向企业的科研服务,属于竞争性的、市场化的。这些机构也可以联合企业一起申请国家的科研项目、技改项目等。具体的经费分配方式,由研发机构和企业去洽谈。总之,一切都是市场化的行为。这种模式类似德国的弗劳恩霍夫协会和史太白技术转移中心，而且是把两者结合在了一起（参考本节附录1和2）。

第七，浙江省在14个县市正在探索一种工程师协同创新中心模式（参考本节附录3），这种模式把兼职和专职相结合，通过协同创新中心找到行业内最优秀的专家，在具体项目上进行合作，"短平快"，见效快。但是，它不是可持续的、稳定的，无法解决长期的创新问题，更无法解决迫在眉睫的硕士生和博士生的就业问题及人才培养问题，无助于消除地区之间的发展不平衡。而我所设想的方式更加长远，或许见效慢一些，所以需要至少5年的政府前期扶持。

第八，投入产出分析。结合工业和信息化部对中小企业特色集群的评选工作，对于每一个入选的中小企业特色产业集群，中央财政要配套扶持建设这样一个新型研发机构，围绕当地的主导产业进行培育。对于每个工程技术创新中心，中央财政每年支持1亿元，5年时间共5亿元。如果建设1000个这样的研发机构，也就是5000亿元。这样的新型研发机构，每年至少可以解决10万名硕士生和博士生的就业问题，只要管理得当，一定会产生可观的社会和经济效益，带动中小企业的发展。

总之，我所设想的基本运营原则就是中央财政、地方财政各出一部分资金，剩下的就让这些研发机构去市场上冲杀，自己找食吃。但是，有一个比较安全的保护网，那就是身份和基本工资等。没有这些基本条件，中小企业招人难的问题就很难解决，而大学生就业难的问题同样无法解决。只有政府才有能力把人才供需管道的堵点疏通开，让人才流动起来。

附录1：弗劳恩霍夫协会

德国有着定位清晰的公共科研体系、高度重视创新的企业群体以及良好的产学研合作关系。在联邦层面，四大国家级科研机构（霍姆赫兹协会、马普学会、莱布尼茨协会和弗劳恩霍夫协会）功能定位清晰，职能衔接互补。其中，马普学会面向纯基础研究，霍姆赫兹协会着眼应用的前瞻性基础研究，莱布尼茨协会承担其他长期性科研任务与课题，而弗劳恩霍夫协会偏重于产业导向的应用研究。

在州层面，各州聚焦本地产业发展需求，建立了一批完全面向产业的应用型技术开发机构。比如，巴符州从1985年起陆续出资建立了12家与各个产业密切结合的应用技术研究所。德国紧密衔接的公共研发体系，层层推进知识生产，为产业提供可应用、易接受的知识产品，成为德国企业高度依赖的技术创新源泉，总体上造就了科技成果的高效转化。

关于弗劳恩霍夫协会，德国政府以财政资金［联邦政府90%，州政府10%（见图20）］和公共部分合同经费支持其发展，使其聚集全球高校和技术研究所的工程专家，开展介于高校的纯基础研究和企业的实践研发之间的研究，其下设的各个研究所尽可能地为企业提供面向实践的科技创新，同时又避免应用科学研究本身过于以市场和产品为导向，借此维持一定比例的科研独立性，保证对高风险的、研发周期更长的前沿技术的投入。

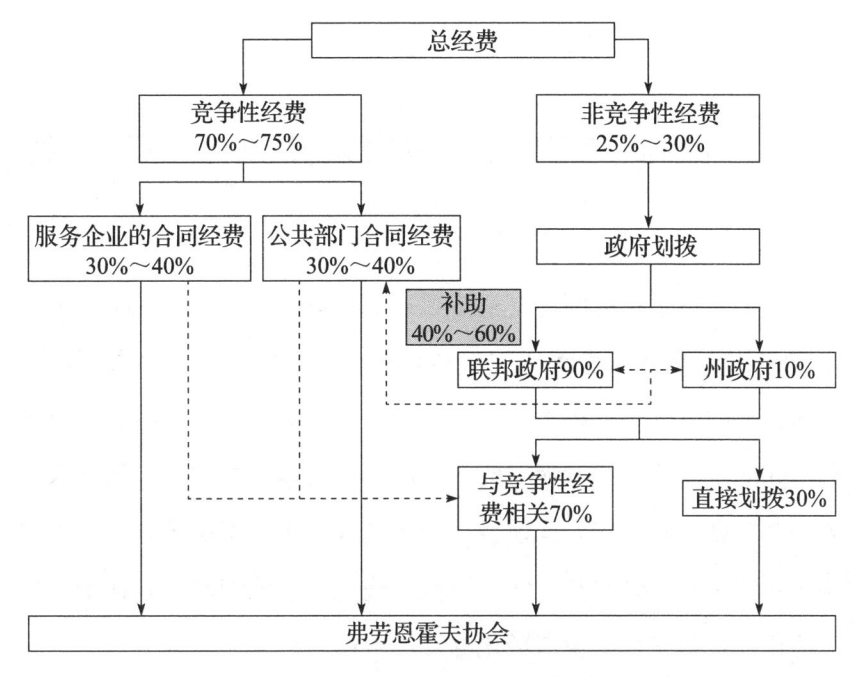

图 20　弗劳恩霍夫协会的经费来源

弗劳恩霍夫协会市场化服务的主要对象是中小企业，针对企业创新的不同环节，为中小企业提供嵌入式的研发服务项目，具体服务内容如表 5 所示。

表 5　弗劳恩霍夫协会对于企业的服务内容

序号	创新过程环节	服务方式或内容	
1	创意阶段	灵感交流、预调研、基础研究、市场信息交流	
2	样品或样机的设计与开发	提供工具、方法（如快速成型）、材料（如特性或配方）辅助、工艺开发、技术研发	专利服务（如许可证）
3	试生产	测试（缺陷分析）、生产工艺、加工设备	
4	批量生产	物流、管理（生产优化）	
5	市场商品	市场准入认证	

附录2：德国政府支持史太白技术转移中心的市场化发展

史太白技术转移中心（Steinbeis Transfer Centers，STC）成立于1971年，是欧洲最大的技术转移机构。德国政府在史太白技术转移中心的市场化进程中功不可没。德国政府在史太白技术转移中心不同的发展阶段，对症下药，不断优化政策支持方式，从一开始的完全资助，到政府采购项目，再到税收优惠政策引导，让史太白技术转移中心有时间和空间，慢慢实现从完全依赖政府，逐步转向市场化，直到完全实现市场化的发展历程。

史太白技术转移中心嵌入史太白网络之中（见表6）。其中，史太白经济促进基金会是整个史太白网络的中枢，设有理事会和执行委员会。理事会即类似股份有限公司的股东大会，由巴符州州长府、州议会各党团代表、经济部、科技部、巴州工业联合会、工商

表6 史太白网络结构

委员会	史太白经济促进基金会	董事会
史太白技术转移股份有限公司 （1 500多名正式员工、800多名教授和3 600多名签约专家）		
史太白机构		
史太白国际技术转移中心（巴西、日本等50多个国家和地区）	史太白研究中心	史太白咨询中心	柏林斯泰恩拜斯大学（史太白大学）	史太白投资公司	史太白资产管理公司

会、高校、科研机构的 20 名代表组成，政府代表占半数以上。史太白技术转移中心市场化之后，仍努力通过争取政府项目的方式加强与政府合作，成为政府推动技术转移的重要力量。

史太白技术转移中心经过半个世纪的发展，现在已由一个州立的技术转移机构发展成为国际化、全方位、综合性的技术转移网络，吸引了各个领域的大批专家学者参与，面向全球提供技术与知识转移服务，其主要运营机制如下：

（1）商业模式：为企业提供技术转移服务、双元制人才培训服务、企业咨询服务。

（2）人才方面：各地史太白技术转移中心大多基于高校和科研机构发展而来，因此吸纳了非常多高校和科研机构的专家教授。这些来自各个领域的专家教授既能承担技术转移项目，也能通过与其他各地史太白技术转移中心专家教授共同协作完成项目，专家教授如有技术或专利等也可申请成立新的转移中心。因此，史太白技术转移中心与这些专家教授形成了一种双赢的良性循环合作关系。史太白技术转移中心还设立了技术转移奖，鼓励高校和科研机构的技术转移。

（3）组织架构方面：史太白的各个技术转移中心相对独立，既能通过基金会得到项目和任务（基金会负责对外联络及争取项目并承担项目风险），也能自主开拓市场，直接承接客户委托的项目，提供灵活、有针对性的服务。史太白完善的扁平化管理机制和成熟的市场经营模式，赋予了它信息沟通效率高、发展活力强的优势，从而提高了它的技术转化成功率。

附录 3：浙江省建设 14 个省级特色产业工程师协同创新中心*

在浙江平湖，光电和智能制造产业集聚，企业对青年技术人才需求旺盛。"我们探索组建了 478 人的'认证工程师'队伍，同时建立了一支专业能力过硬、实践经验丰富的'认证工程师'导师队伍，为企业青年技术人才在技术提升、项目申报、难题攻关、资源协调、成果保护、产品技术认定等方面提供指导帮助"，平湖光电和智能制造工程师协同创新中心主任周林杰说。目前，该协同创新中心已指导"认证工程师"开展或参与科研项目 100 余人次，申报技术成果 30 余项，有效破除了企业青年技术人才成长瓶颈。

像平湖这样的省级特色产业工程师协同创新中心，浙江省目前有 14 个，有的聚焦智能制造、信息技术、航空航天、光电新材料等新兴产业，有的聚焦电器、汽摩配、纺织印染等传统产业。

2020 年以来，浙江在全省探索建设特色产业工程师协同创新中心，通过"一个特色产业＋一个共性技术平台＋一批共享工程师"的模式，共享技术、成果、人才等资源要素，推动人才链与创新链、产业链深度融合，助力当地特色产业转型升级。截至 2021 年年底，省级工程师协同创新中心已集聚工程师 2 343 人，解决共性技术难题 146 个，转化技术成果 290 项。

---

* 浙江建设 14 个省级特色产业工程师协同创新中心：从单兵作战到合力攻坚. 浙江日报，2022-02-20.

原先，企业"单兵作战"引才难、产业核心技术攻克难，不少中小企业引不到、养不起、留不住高水平工程师。有了工程师协同创新中心，就可以多管齐下建好"人才蓄水池"。针对单个企业难以解决的技术问题，工程师协同创新中心可以发挥资源集聚优势，推动该中心的工程师和企业相关技术人员协同攻关，支撑产业转型升级。

温岭机电特色产业工程师协同创新中心成立后，聚焦"电机、流体、电控"三大制约机电产品转型的技术瓶颈，导入清华大学、浙江大学、江苏大学等高校研发创新资源。该中心与清华大学开展低振动永磁直流电机等16个共性技术难题攻关，有效助推了当地机电产业整体提升。

除了省级工程师协同创新中心外，各市、县也结合产业发展实际进行科学谋划，目前已建成市、县两级工程师协同创新中心50个。如嘉兴在全省率先制定《嘉兴市特色产业工程师协同创新中心建设与管理办法（试行）》，构建了省、市、县三级全覆盖的金字塔型建设梯队。目前，该市已有省级创建试点单位1家、市级8家，拟申报创建单位10家。

9

如何快速解决100多万硕士生和博士生的就业问题？

> **写在前边的话**
>
> 2022年5月24日，我在公众号"大变局下的中国管理"上提出一个观点："办2 000家县域大学，不可行；建1 000家工程技术创新中心，更靠谱"，引起了很多企业家朋友的共鸣。他们认为这代表一个正确的方向，但是，需要有更具体的操作方式。
>
> 有朋友在微信公众号后台给我的文章打赏，因为他们觉得在这个艰难时刻，需要有人站出来，脑洞大开，为国分忧。其中一个朋友打赏200元之后的留言："发自内心喜欢老师的文章，不仅仅是因为您的专业精神，更是因为一个学者与国家同呼吸发声"。
>
> 如何快速启动1 000家工程技术创新中心的建设，如何快速提高中小企业的研发能力，同时快速解决100多万硕士生和博士生的就业问题？这里，我给出工程技术创新中心2.0版，也就是一个更加具体、可操作性的方案，供有关部门参考。

> 半年之后，当我编辑此书的时候，一个MBA同学在微信群里分享了附录中的一则新闻《紧缺岗位！到2025年，要培养20万名这类人才》，并且留言说："赵老师，刚看到了新华社的消息，想起您之前解决硕博就业、助力企业发展的文章，真是智库啊！拜读您公众号文章都受到很多启发，很多内容是极具创造性和前瞻性的指引，感谢且感恩赵老师的大智慧"（2022年11月6日）。

一个关于创造性整合资源（或者"忽悠"）的故事

在提出工程技术创新中心2.0版之前，我先讲一个故事，因为是这个故事和朋友们的一些建议给了我很大的启发，让我觉得自己找到了更落地的操作方案。

那是2009年5月的一天，北京师范大学主管学生就业和创业工作的一个副校长（女士）给我打电话，邀请我参加一个会议，因为有一位神秘嘉宾要和北京师范大学洽谈一个合作项目，她希望听听我的意见。我事先拿到了这位神秘嘉宾的姓名，然后上网检索了一下他的相关信息。我惊讶地发现，这位Q先生是民生银行的创始股东之一，但是，2000年民生银行在上海证券交易所挂牌上市之前，他被从股东群体中赶了出去，而且被送入监狱，一关就是好几年。2009年，他刚从监狱里出来不久，试图东山再起。

Q先生提出了一个具有想象力的计划，希望和北京师范大学合作。该计划逻辑如下：

中国中小企业有两大痛点：一是融资难、融资贵；二是研发能力太弱。但是，它们不敢招聘大学生，不敢投资于研发，因为周期太长、成本太高、失败率太高。当时正值 2009 年 5 月份，全球金融危机爆发不久，大学生就业难成为政府最关心的问题之一。Q 先生个人希望成立一家面向中小企业的融资担保公司。例如，他自己有本金 10 亿元，同时希望再从银行里以低息贷款拿到 100 亿元，也就是加了 10 倍的杠杆，以此来组建这家金融担保公司，实现他的东山再起。他抛出来的诱饵是，如果一家中小企业能解决一个大学生就业问题，这家中小企业就有机会从金融担保公司里低息贷款 10 万元；如果能解决 10 个大学生的就业问题，就能贷款 100 万元。这样，如果有 10 万家中小企业，每家中小企业能解决 10 个大学生的就业问题，那么就能解决 100 万大学生就业问题。而实现这个计划所需要的资金也就是 1 000 亿元左右。当然，这个事情不能让他一家金融担保公司来做；而他的公司除了面向中小企业贷款以外，还是可以用剩余资金做一些高风险、高利润的投资的。他来找北京师范大学的目的就是合作，打个样板，背靠北京师范大学的名气，树立合作典范，扩大舆论宣传，得到政府的认可，然后，就可以顺理成章地从银行拿到贷款了。而北京师范大学当时的就业签约率大概只有 30%，就和 2022 年面临的情况类似，学校面临巨大的就业压力。

后来，这个事情应该没有做成，具体原因我也没有再追踪。但是，不管这个计划的结果如何，以及 Q 先生后来的人生境遇如何，我认为这个计划的逻辑看起来非常完美。它完美地实现了大学、政府、中小企业和金融担保公司的多赢，解决了每个利益相关者的痛点。所以，在我的"创业管理"课堂上，每次讲到"创造性整合资源"的时候，我经常拿这个故事作为一个案例举例说明。我告诉学生，在创业中，创造性整合资源和"忽悠"有时候很难分得清楚。如果你创业成功了，就被认为是创造性地整合资源；如果失败了，就被人当作"大忽悠"或者"空手套白狼"的反面典型。我告诉学生，创业者，首先应该是CHO，也就是"首席忽悠官"——做好商业模式设计和讲好创业故事，而创业本身就是一个从无到有的社会建构过程，需要奇思妙想。

那么，这个故事和我所建议的1 000家工程技术创新中心之间有什么关系呢？事实上，我们在2022年5月所面临的情境和挑战，与13年前的情况之间，有惊人相似的地方，甚至今天面临的挑战更是前所未有。因为新冠疫情，上海和好几个大城市都在封城，人们对中国未来的经济形势前所未有地感到悲观，外部则有俄乌战争，世界可能站在了一个历史的分水岭上。所以，解决办法也可以很相似。

工程技术创新中心1.0版所面临的问题

我原来所设想的新建1 000家工程技术创新中心面临的困难主要有这样几个：

（1）它需要中央的顶层设计，投资巨大，见效慢。而浙江人脑瓜子灵活，他们所建立的工程师协同创新中心是利用市场上成熟的人才作为兼职人员，解决具体的项目问题，是一单一单的合作方式。这样的工程师协同创新中心，在省级层面甚至县市级层面，立刻就可以实现。所以，工程技术创新中心 2.0 版也需要满足这一要求。

（2）现在大学里培养出来的硕士生和博士生，绝大多数动手能力比较差，不了解社会，不了解企业，更不了解企业的研发需求，需要一个比较漫长的自我成长过程，才能成长为帮企业解决实际技术难题的可用之才。

（3）我所设想的工程技术创新中心，是围绕中小企业特色产业集群，服务于解决中小企业关键共性技术问题的平台，是类似德国的面向应用技术研发的弗劳恩霍夫协会以及史太白技术转移中心两者的结合。战略方向没有问题，但是，如何快速落地呢？

工程技术创新中心 2.0 版的新设想

此时此刻，我所能想出来的新方案如下：

直接让硕士生和博士生下沉到中小企业，一则提高企业的研发能力，二则缓解当前面临的紧迫的就业压力。原来的方案只能依靠国家自上而下的整体设计和运营，而现在的方案完全可以在各个省市层面同时试点。有条件的省市，先行先试。

关键是，省市一级政府一定要成立一个独立的工程技术创新中心，给硕士生和博士生事业编制或者国企员工的身份；提供给他们当地最低工资收入和"五险一金"，其他的工资收入则由企业来承担。也就是说，这些硕士生和博士生工资的一部分来自政府兜底的财政拨款，一部分来自企业的绩效工资，换句话说，就是政府帮企业雇人干活，政府和企业分摊用人成本。这样做可以大大降低企业的经济压力，让它们可以放心大胆地招聘高素质人才。

凡是招聘硕士生和博士生的中小企业，按照人头，每家企业可以享受到配套的低息贷款。例如，招聘一个硕士生，可以提供 50 万元银行低息贷款额度；招聘一个博士生，可以提供 100 万元银行低息贷款额度，这样就同时解决了中小企业融资难、融资贵的问题。

这些硕士生和博士生至少需要在某家企业里干满 5 年之后，才有机会回流到我所设想的工程技术创新中心等共性技术开发平台。由中小企业自主招人，因为企业最了解自己需要什么样的人才，最了解自己的研发痛点，所以可以做到人岗匹配，减少浪费。

在为企业工作的 5 年里，这些新毕业的硕士生和博士生会快速地了解行业和企业实情，提高解决问题的能力，提升企业的研发水平。5 年之后，如果企业发展得很好，能够独立提供令人满意的回报，这些硕士生和博士生完全可以选择在该企业继续长期留下去，成为长期员工、高管甚至创业合伙人。如果服务期满之后，企业和平台对这些人的评价为比较满意，但是，企业不愿意再继续聘任，那么这些人还有回流到工程技术创新中心的选择权以及事业编制或者国企身份；而如果表现太差，那就对不起了，自动失去了事业编制，只能自谋生路了。

关于工程技术创新中心等共性技术开发平台的管理，如果不了解企业具体的技术难题，当然无法解决行业所面临的共性技术问题。只有在连续解决多个个性技术问题的过程中，才能抽象提炼出共性技术问题的解决方案。回到工程技术创新中心的硕士生和博士生，已经是相对成熟的研发人员了。他们拥有的工作经验、技术诀窍和商业秘密，完全可以通过平台向更大范围的中小企业扩散，达到我们最初的目的——实现共性技术解决平台。当然，这里面要协调好企业知识产权和商业秘密的保护问题，协调好利益分配问题。平台应该摸索出明确规范的指导意见，而具体的利益分配方式交给企业、平台和个人三者去协商。

我们可以先拿工业和信息化部正在开展的"百十万千工程"作为试点，总结经验之后，再大面积推广。"十四五"期间，中国要培育出100万家创新型中小企业、10万家"专精特新"企业、1万家专精特新"小巨人"和1000家"单项冠军"。当然，还有科技部评选出来的一些高新技术企业、瞪羚企业等。总之，凡是列入工业和信息化部规划的中小企业都可以参与这个项目，因为它们是最需要高素质人才的企业，相对来说，也是经营风险比较低的企业。我估计如果这样开展，100多万硕士生和博士生很快就可以充分就业了，而且是人尽其才，而不是去当公务员或者城管。

只有先把硕士生和博士生的就业问题解决好，才能给那些本科生、专科生、职校毕业的学生腾出上升的空间，给他们希望和机会。他们才有可能选择继续深造，三四年以后再进入就业市场，这样也就减缓了当下的就业压力。用陕西话来说，就是"一河的水就开了"，当下面临的死局就解开了。

在实施这项科技和人才"上山下乡"方案的过程中，国家就可以有5年的时间比较从容地搭建我所提的1000家工程技术创新平台，我们就有了一个缓冲期。而且，可以两条腿走路：自上而下和自下而上，同时操作。研发人员在这五年时间里，也慢慢成长起来了。

我所设想的工程技术创新中心，不单单是要有大批搞技术的理工科毕业生，至少还需要另外三种人，才能形成一支高效的创新创业团队：一是创新创业带头人，一般来说，年龄在 35～40 岁间，已经有将近十年的工作经历，有社会经验、管理经验和商业眼光等，可以带团队。这样的人选最为关键，因为团队基因很重要，有了创新创业的带头人，工程技术创新中心才能快速生长。二是负责做科技成果转化工作的 MBA，可以把他们当作技术经理人的种子培养起来。三是职业技术学校毕业的、动手能力强的高技能人才。他们可以帮助研发人员做出原型，进行小试、中试等。

总之，工程技术创新中心 2.0 必须面向市场和中小企业的真实研发需求。商业和研发两手都要硬，经验（隐性知识）和理论（外显知识）高度融合。既要有紧迫感和生存压力，又不能过于短视、唯利是图。在坚持持续改善的渐进式技术研发策略的同时，又不完全忽略颠覆式创新的偶然机会。我衷心地希望我所设想的这种新型研发机构，早日遍布大江南北、长城内外，开花结果。只有那样，量大面广的中小企业才能欣欣向荣，而产业链的短板、堵点、断点甚至"卡脖子"问题才能解决。

附录：紧缺岗位！到 2025 年，要培养 20 万名这类人才*

我国计划到 2025 年培养 20 万名现场工程师。

教育部办公厅等印发通知，决定联合实施"职业教育现场工程

---

* 徐壮. 紧缺岗位！到 2025 年，要培养 20 万名这类人才. 新华社，2022 - 11 - 06.

师专项培养计划"。通知规划，到 2025 年，累计不少于 500 所职业院校、1 000 家企业参加项目实施，累计培养不少于 20 万名现场工程师。

通知明确，专项培养计划面向重点领域数字化、智能化职业场景下人才紧缺技术岗位，遴选发布生产企业岗位需求，对接匹配职业教育资源，以中国特色学徒制为主要培养形式，在实践中探索形成现场工程师培养标准，建设一批现场工程师学院，培养一大批具备工匠精神，精操作、懂工艺、会管理、善协作、能创新的现场工程师。

通知提出校企联合实施学徒培养、推进招生考试评价改革、打造双师结构教学团队、助力提升员工数字技能等四项基本任务。

据悉，该专项培养计划实行年报制度，招生后每两年由专家委员会依托管理系统进行阶段检查。教育部根据检查结果更新淘汰，项目结束时组织绩效评价。

10

以数字化公共服务平台促进"专精特新"企业数字化转型

> **写在前边的话**
>
> 2022年8月,工业和信息化部、财政部发布了《工业和信息化部 财政部办公厅关于开展财政支持中小企业数字化转型试点工作的通知》(工信厅联企业〔2022〕22号)。应中国工业互联网研究院的邀请,我就它们所提出的相关问题,写作此文并对文件进行了解读。我认为,这是除了专精特新"小巨人"企业的评选工作之外,未来几年非常重要的另外一条"赛道",不管是数字化转型服务平台,还是打算成为"小灯塔"的企业,都值得密切关注。

前三批专精特新"小巨人"企业的评选工作,冷冷清清,鲜为人知,前三年里共评选了4 762家。而第四批专精特新"小巨人"企业的评选工作,万众瞩目,热热闹闹。第四批入选企业多达4 357家,几乎等于前三年的总和,总数达到了8 997家。这超过了我2021年11月的一个判断,也就是2022年至少评选出3 000家。这在某种程度上反映了在中国做事情的一个鲜明特点:面对机会"一拥而上"。这就要求企业对于各种政策利好要"赶早不赶晚"。

在众人把眼光盯着"专精特新"企业评选的时候，工业和信息化部、财政部联合推出了一项新的评选认定工作，而且是有财政补贴的，那就是关于中小企业数字化转型公共服务平台的评选。在未来三年里，国家计划围绕 100 个细分行业，扶持和培育 300 家左右的数字化转型服务平台（简称"服务平台"），打造 4 000～6 000 家"小灯塔"工厂。在 2022 年 8 月 28 日至 9 月 28 日期间，工业和信息化部发起了"全国中小企业数字化服务节"，在为期一个月的时间里，推出多项数字化转型方面的举措和活动。所有相关活动，都在中国工业互联网研究院建立维护的网站（http://caii-sme.indus-force.com/#/home，中小企业数字化转型公共服务平台）上汇总展示。

如果你恰好在中小企业数字化转型服务商这个赛道上，千万不要错过这个申报和参评"服务平台"的机会。这不仅仅关系到你能否获得中央财政资金的扶持（最高扶持力度 600 万元，最低扶持力度 300 万元左右），更为重要的是给了中小企业数字化转型服务平台一个露脸的机会、一个挤进"国家队"的机会、一个为自己的产品和服务进行市场推广的机会，它创造了合法性，降低了市场推广的门槛。

问题 1：如何看待中国工业互联网平台体系建设的总体架构？此次针对中小企业数字化转型的服务平台在整个体系中的定位如何？

根据 2021 年 11 月 17 日工业和信息化部印发的《"十四五"信息化和工业化深度融合发展规划》，中国的工业互联网平台体系建设至少包括三个层次：跨行业跨领域（简称"双跨"）综合型平台、面向重点行业和区域的特色型平台、面向特定技术领域的专业型平台。中小企业数字化转型服务平台建设的重点就是面向特定技术领域的专业型平台。如果把三个层次的平台之间的关系比喻成一棵大树，那么5G、AI、大数据和云计算等工业互联网基础设施是树根，跨行业跨领域综合型平台是树干，特色型平台是大树枝，专业型平台则是小树枝，它们齐心协力，共同推动中国企业融入数字化、智能化和网络化的浪潮。

对于第一层次的综合型平台，截至2022年年底，工业和信息化部已经评选了四批、共27家"双跨"平台，其中包括海尔的COSOMPlat工业互联网平台、三一重工的根云工业互联网平台、华为的FusionPlant工业互联网平台、腾讯的WeMake工业互联网平台、百度智能云、京东工业互联网平台、美的集团旗下的美云智数等。这些"双跨"综合型平台代表了中国在工业互联网领域的主力军。我个人预测，"十四五"末，第一梯队里最多也就是50家大型工业互联网平台。这些综合型平台主要覆盖原材料、装备制造、消费品、电子信息等多个行业以及研发设计、生产制造、运维服务等多个领域，提供工业资源集聚共享、工业数据集成利用、工业生产与服务优化创新等服务。对于中小企业来说，这些大型工业互联网平台所提供的数字化产品太重、太贵，用不起，也很难用。

第二层次的服务平台是面向重点行业和区域的特色型平台。2021年，工业和信息化部共评选出了两化融合管理体系贯标方向的平台82家、特色专业型工业互联网平台方向的平台69家、工业信息安全能力提升方向的专业化平台31家，以及中德智能制造合作方向的平台12家。其中包括中车齐齐哈哈车辆有限公司的产品协同研发设计能力平台、宁波方太厨具有限公司的精益生产能力平台、大连大杨集团的基于全球客户服装定制需求的数字化敏捷制造与服务能力平台、福建福清核电有限公司的基于流量大数据的核电网络异常行为分析管控平台、陕西重型汽车有限公司的商用车行业典型应用平台、北京奔驰汽车有限公司的中德汽车制造装备智能运维与标准数字化创新中心等。这些数字化服务平台聚焦数字基础好、带动效应强的重点行业，面向制造资源集聚程度高、产业转型需求迫切的区域，建设面向重点行业和区域的特色型平台，发挥平台的知识沉淀转化和资源协同配置作用，为行业转型升级和区域协调发展提供带动作用。目前，关于这种聚焦重点行业和区域的数字化平台供应商，只评选了一次，共194家入选。个人预测，"十四五"末，第二梯队里至少有500家。

至于第三层次里的专业型平台，则要求它们聚焦在某个细分行业，扎根在某个特定区域，提供某种"小而尖"的数字化产品和服务；围绕特定工业场景，聚焦云仿真、设备上云、大数据建模等特定技术领域建设专业平台，开展前沿技术与工业机理模型融合创新应用。此次评选活动的目的之一就是摸清楚市场上到底有多少这种类型的服务商，它们都在哪里，提供什么样的产品和服务等，以及如何通过政策利好和财政支持，让它们（也包括前两种数字化公共服务平台）去帮扶4 000~6 000家"专精特新"企业进行数字化转型，打造"小灯塔"企业。

问题2：为什么工业和信息化部、财政部要开展以财政支持的方式，支持中小企业数字化转型的试点工作？

工业化和信息化两化融合代表了第四次产业革命的一个重要方向。哪个国家在这个领域抢占了先机，就有可能弯道超车，获得领先优势。而且这种领先优势会产生"马太效应",会造成领先者和追随者之间不断扩大的数字鸿沟,它构建了企业和国家发展的"护城河"。

虽然中国一些龙头企业在工业4.0方面已经走在了世界的前面,例如,截至2022年,全球有103家"灯塔工厂"(黑灯工厂),其中有37家在中国,但是,中国4 600万家量大面广的中小企业在数字化方面起点很低,绝大多数企业还处于1.0或者2.0发展阶段,数字化转型困难重重,进展缓慢,跟不上新一轮产业革命的浪潮。

中小企业在数字化转型方面存在诸多痛点,包括"不敢转""不愿转""不会转""不能转"等。其中的主要原因是缺乏数字化转型的配套资金。其他原因还包括:对转型效果看不清,感到迷茫;市场上缺乏适合中小企业数字化转型的轻量级产品和服务,很多数字化转型的产品和服务主要是针对大中型企业而设计的,中小企业用不起、无法用;市场上缺乏深耕细分行业、吃透本行业知识的数字化转型服务提供商,产品和需求不匹配;中小企业内部缺乏数字化转型的实际操作人员,其数字化转型流于表面,浅尝辄止,中途夭折,或者转型方案很难落地。所以,中小企业的数字化转型需要政府统筹引导,在财政上给予一定的支持。更为重要的是营造适合中小企业数字化转型的市场环境,造就一批服务中小企业数字化转型的服务平台。

问题3:数字化转型与"专精特新"企业发展之间的关系?

"专精特新"和大中小企业融通创新是一体两面的关系,而数字化转型又是打通"专精特新"和大中小企业融通创新的关键抓手。2022年5月初，十一部委联合发布《关于开展"携手行动"，促进大中小企业融通创新（2022—2025年）的通知》，提出了"七链计划"，其中一项很重要的举措就是以数字化为驱动，促进数据融通。要求发挥大企业在数字化方面的牵引作用，提升中小企业的数字化水平和工业互联网的支撑作用。从企业间合作的角度来讲，只有当一些关键数据和信息可以共享时，企业之间才能建立信任关系，进而从信任关系变成商业信用关系，中小企业才能深度嵌入龙头企业所营造的产业链和产业生态之中，形成补链强链固链的效果。

"专精特新"企业和创新型中小企业的发展，需要配套的创新生态系统，其中重要的环境要素之一是要有围绕中小企业数字化转型的专业服务商。此次的"小灯塔"计划重点扶持的就是那些深耕在某个细分行业和领域的数字化服务商，它们能把分散的、内隐的、沉淀的行业知识提炼出来，实现标准化、软件化和云化。政府希望它们深耕细分行业，推出一些中小企业用得起、用得好的"小快轻准"（小型化、快速化、轻量化、精准化）的应用。同时，政府也鼓励前面提到的"双跨"综合型平台和特色型平台进一步加大对中小企业数字化转型的引领作用，促进大中小企业融通创新。

"单木不成林"，只有丰富了中小企业的创新生态系统，才能培育出更多的创新型中小企业和"专精特新"企业。所以，这项转型试点政策本质上是优质中小企业梯度培育工作的进一步升级和深化，与其他相关政策之间存在协同效应。我认为这项政策设计的思路很清晰，守正创新，具有较强的操作性。

从国际比较的角度来看，此次推出的"小灯塔"计划也符合发达国家在促进中小企业数字化转型方面的国际惯例。以德国为例，它也是通过具体的产业政策，采用财政拨款与企业自筹资金相结合的方式，扶持了一大批类似弗劳恩霍夫协会、史太白技术转移中心等这样的第三方专业服务机构，帮助中小企业进行产业升级和数字化转型。

设想一下，如果采用直接的奖补资金（就如前面已经安排的、面向国家级重点"小巨人"企业的100亿元奖补资金），一则有违反市场竞争中性原则的嫌疑；二则撒胡椒面式的激励无法产生辐射带动效果，无法使这些国家级重点"小巨人"企业的能力提升惠及其他中小企业，起到"看样学样""试成一批，带动一片"的效果。

问题4：此次两部委关于促进中小企业数字化转型试点工作的"小灯塔"计划的亮点都有哪些?

在我看来，首先是有为政府和有效市场相结合。这项试点工作要求"政府补一点，平台让一点，企业出一点"，风险共担，但是，最后的收益主要是企业的，是市场主体的。中央各个部委高屋建瓴进行政策设计，宏观指引；地方政府根据当地的产业发展现状，甄选潜力大的细分行业；而数字化公共服务平台自己挖掘有数字化转型意愿的试点企业。这样就减少了资源投入过于分散、缺乏方向感的自生自灭的市场行为，同时又充分考虑了地方和企业的实际情况，遵循了"市场有需求，平台有能力，企业有意愿"三结合的原则，这是新型举国体制的一种有益探索。

其次，"先试点，再推广"的原则一直是中国改革开放的胜利法宝，同时也符合近年来流行的精益创业的核心思想。未来3年时间，围绕100个左右的细分行业，形成300个左右公共服务数字平台，打造4 000~6 000家"小灯塔"企业，希望达到"看样学样"，实现"试成一批，带起一片"的效果，这就是精益创业所讲的MVP（最小可行化产品）。

特别是，这项试点工作强调可复制性和易推广性。"对于技术先进、效益突出、企业反响好的共性应用场景解决方案要在省内加大复制推广。省份之间也要通过组织学习交流、现场观摩等方式，促进更大范围的推广应用"。如果这项"小灯塔"计划能成功实施，中国中小企业的数字化转型之路将会更加平顺，转型速度会明显提升。

再次，细分行业和试点企业的选择是经过精心遴选和重点聚焦的。政策明确要求，"将制造业关键领域和产业链关键环节的中小企业作为数字化转型试点的重点方向，对其中数字化转型需求迫切、发展潜力巨大、经济社会效益明显的中小企业加大支持力度"。文件的附录中则进一步明确了一些重点细分行业，要求"试点行业应选择纳入当地产业发展规划、升级潜力大的细分行业特色产业集群"，"试点企业要选择不同规模和发展水平的中小企业"，这样就积累了足够丰富的数字化转型经验，保证后续的数字化转型方案的可复制、可推广。

最后，行业共性问题和个性问题相结合。数字化服务平台需要扎根细分行业，把分散在企业家、管理者和员工脑子里的分散知识和智慧提炼出来，形成规范和标准，再大规模复制和推广。所以，政策要求服务平台找准行业共性问题，组织信息技术、行业技术、工艺制造、企业管理等方面的专家，深入行业企业调研，为企业"画像"，厘清企业生产经营的机理、流程、工艺，找准痛点、难点、堵点，系统梳理企业的共性问题和需求，形成能够满足细分行业中小企业共性和个性需求的工程化样本合同与操作规范，为复制推广打好基础。

落实"小灯塔"计划的主体主要是数字化公共服务平台,但是,最终的目标是打造"小灯塔"企业。数字化公共服务平台只是这项政策的中介工具而已。政策要求"着力压实服务平台的责任,按照解决方案和服务合同实施改造。切实做好操作技能应知应会的实训工作,让试点企业用得上、用得好、用出效益"。所以,如果推行得当,这是一件"一箭多雕"的事情。我相信,几年之后"小灯塔"企业也会和"专精特新"企业一样,是一个重要的"赛道"。

问题 5:关于这个政策的执行,您有何建议?

关于数字化公共服务平台,因为对于入选该试点计划的服务平台要求在自己深耕的细分行业里至少服务 10 家企业,最多不超过 20 家,按照实际改造成本的 30% 进行奖补,最高每家企业补贴不超过 30 万元,所以,每个数字化公共服务平台有不超过 600 万元的奖补资金。可以预期这项评选工作会得到广大中小企业和地方政府的大力支持。问题的关键在于,当下的市场里是否有足够多的有一定能力的数字化转型服务平台?它们的行业背景和知识经验能否为中小企业的数字化转型提供切实的帮助?如果没有,这些服务平台如何能在短时间内快速提升自己的能力和资源,满足国家的需要?这就要求有关部门既要公开择优遴选服务平台,严把质量关,同时又要平衡好培育服务平台本身的使命。只有培育出足够数量的数字化公共服务平台这个"中介工具",才能最终助力量大面广的中小企业的数字化转型。

关于"专精特新"中小企业和创新型中小企业,数字化转型的实际效果可能需要两三年之后才能看出。作为组织变革的方式之一,数字化转型短期内可能引发阵痛,干扰"正常"的生产经营活动，甚至短期内减少企业的生产效益。所以，企业"一把手"要做好充分的思想准备，需要自上而下转换企业经营的思路，学习新的经营理念、知识和工作技能，直到数字化变成企业中绝大多数人甚至是所有人的惯常行为，才能真正起到降本增效提质的效果。另外，作为获得政府财政资金扶持的试点企业，一旦数字化转型成功，见到实效之后，应该秉持一种开放的心态，以先进带动后进，把自己成功的经验和教训与同行业的其他企业进行分享，起到传帮带的效果。这里面就涉及如何平衡自己企业的商业秘密和公众福利之间的关系，这是一个很有挑战性的问题。

关于地方政府，我们鼓励地方政府结合当地实际情况，百花齐放，把工作做到实处。特别是东部沿海省市，在数字化转型方面，胆子可以更大一些，力度可以更大一些，措施可以更多一些，先行先试。而内地的欠发达省市，如果没有这方面的能力和资金，就可以擦亮眼睛先旁观，要努力学习动用发达地区的经验，一旦时机成熟，做好快速复制与推广的后续工作。少走弯路和快速复制与推广就是节约转型成本，这有助于减缓区域发展不平衡。

问题6：关于此次的申报工作，您对那些小型的数字化转型服务商有何具体建议？

第一，抓住时机，赶早不赶晚。作为首次申报，各个省市相关部门关于这个项目的申报工作基本上也是"两眼一抹黑"，不知道如何操作，所以，早点动手就有领先优势。即使今年申报不成功，明年再战。

第二，数字化公共服务平台要主动联系当地省份的中小企业主管部门，搞清楚是哪个部门负责审核材料和推荐（有可能是在中小企业处，也有可能是在信息化处）。事先进行沟通，了解其他申报"竞争对手"的情况，客观评估一下自己的实力。每个省市只有5个名额，"知己知彼，百战不殆"。

第三，深入了解相关政策，把握好政策背后的逻辑。全面梳理自己服务过的企业案例，一定要重点突出、点面结合，把自己清晰地定位和聚焦在某个细分行业、某个省份或者某个数字化产品上（也就是强调根植性）。产品和服务方面要强调"小而尖"，而非"小而全"。为每个服务过的企业案例建立单独的档案，客观准确地描述该企业案例以前的数字化水平、难点和痛点等，自己所提供的数字化解决方案的优势和价值、数字化转型后所产生的价值等。特别是要挖掘案例的可复制性、成熟度和可推广性。

第四，大力挖掘未来的潜在客户（"小灯塔"企业的培育对象），尤其是省级的"专精特新"企业、工业和信息化部认定的专精特新"小巨人"企业（已经获得财政支持的国家重点"小巨人"企业除外）等，向它们宣传这项政策的利好，鼓励它们成为"小灯塔"计划中的一员。记住，要征集到10~20家（中位数15家）潜在客户的同意和承诺，并对它们的数字化水平进行评测。

第五，申报材料一定要扎扎实实，翔实可靠，经得起评审，不能弄虚作假。但是，也要理解这个试点工作的目的是培育，而非期末考核，所以面向未来的适度宣传是可以接受的。难点在于如何结合以往的具体工作讲好自己的故事。

11

数字经济"专精特新"企业培育新探索：基于成都的实践

写在前边的话

坚持"专精特新"企业发展，是推动产业高质量发展的必由之路，也是提升中小企业核心竞争力的根本路径。而能否培育出更多的专精特新"小巨人"企业，正日益成为衡量一个城市产业实力的重要指标。

另外，关于"专精特新"企业，一般可以分为两类：一类企业是从传统制造业转型升级而来；另一类企业则是诞生在新经济领域，尤其是数字经济领域。传统制造业"专精特新"企业的发展路径相对来说比较成熟；而数字经济（或者新经济）"专精特新"企业如何培育，则是一个新课题。

我与新经济发展研究院就这个问题进行了深入合作，我们以成都市和成都的新经济企业作为研究对象，共同完成了一篇研究报告。2022年9月26日，该报告的精简版发表于《成都日报》，并且被中国工业经济联合会、中国工业互联网研究院、创业家等公众号广泛转载；收入本书的是一个扩展版，比精简版多了2 000多字。本文第一作者为新经济发展研究院院长助理曹宝林，赵明潇、张玥、罗伊然、谢艳等对此文亦有贡献。

新经济发展研究院是由成都市人民政府批准成立，定位于立足成渝、服务全国、链接全球的数字经济和可持续发展领域的专业智库，致力于帮助新经济领域的企业解决在不同的发展阶段遇到的各类问题，记录并宣传中国新经济企业的理念、技术和精神，助力它们成就让世界尊重的创新成果；同时，为政府以及非营利机构提供新经济领域以及未来城市建设的最佳理论、策略、方法，服务公共事务决策，开展公共外交，助力有益于中国乃至世界可持续发展的公共政策实践。

引言

2022年8月，工业和信息化部公布了第四批专精特新"小巨人"企业，共计4 357家，数量较前三批明显增加。根据中国中小企业发展促进中心、中国信息通信研究院、中国工业互联网研究院联合发布的《专精特新中小企业发展报告（2022年）》，四批次共8 997家专精特新"小巨人"企业中，计算机通信和其他电子设备制造业、电信广播电视和卫星传输服务、互联网和相关服务、软件和信息技术服务业等数字经济核心产业相关企业有1 798家，占比20.2%。值得注意的是，入选第四批专精特新"小巨人"名单的成都企业中，新经济企业占比超75%，新经济梯度培育库内国家级专精特新"小巨人"企业 102 家（占成都市 50.5%），省级"专精特新"中小企业 137 家（占成都市 38.27%）。

"专精特新"的大背景

2011 年 7 月，时任工业和信息化部总工程师朱宏任在《中国产业发展和产业政策报告（2011）》新闻发布会上首次提出"专精特新"概念。之后几年，政府一直出台关于"专精特新"的相关政策，但仍很少引起非专业人士的关注。2018 年末，工业和信息化部发布《关于开展专精特新"小巨人"企业培育工作的通知》，正式启动首批专精特新"小巨人"企业培育工作。2021 年 7 月，中央政治局会议提出"开展补链强链专项行动，加快解决'卡脖子'难题，发展'专精特新'中小企业"，将"发展'专精特新'中小企业"上升至国家战略层面，"专精特新"的概念瞬间走进大众的视线，引起各方关注。

新一轮科技革命和产业变革深入发展，互联网、大数据、云计算、人工智能、区块链等数字技术创新活跃，数据作为关键生产要素的价值日益凸显，深入渗透到经济社会各领域全过程，数字化转型深入推进，传统产业加速向智能化、绿色化、融合化方向转型升级，新产业、新业态、新模式蓬勃发展，推动生产方式、生活方式发生深刻变化，数字经济成为重组全球要素资源、重塑全球经济结构、改变全球竞争格局的关键力量。

2021 年 10 月，中央政治局第三十四次集体学习提出，要推动互联网、大数据、人工智能同产业深度融合，加快培育一批"专精特新"企业和制造业"单项冠军"企业。至此，数字经济、数字化转型、"专精特新"等时下最热门的话题紧密地结合在一起。

数字经济赋能——"专精特新"呈现新的内涵和外延

在数字技术驱动下，复杂技术产品全球分工、服务业全球分工和创新活动全球分工等新型全球化形态加速推进，引致创新生态交织演化、创新企业不断涌现。因此，推动数字经济中小企业走"专精特新"之路，通过发挥网络效应，利用数字生态协同共生的力量解决一批"卡脖子"问题，打通产业链全链条，深度协同产业链上下游，全面提升产业链供应链生态韧性，符合企业参与新型全球化的现实要求，对于巩固我国数字经济先发优势、打造自主可控的产业链供应链、建设一批世界一流企业具有重要意义。

数字经济企业以数据作为关键生产要素，数据资源一旦形成，其边际使用成本几乎为零，具有明显的规模报酬递增特性。数字经济企业通过表现数据要素的非竞争性、边际成本递减、规模报酬递增等特征，突破土地、资本、劳动力等传统生产要素限制，打破行业边界、空间界限，更易连接多边市场、开展跨界合作、服务多元需求，具有发展成为世界一流企业的巨大潜力。

另外，不同于传统制造业，新经济领域的"专精特新"企业呈现如下新的内涵和外延：

（1）专：聚焦领域专业化——聚焦人工智能、大数据、云计算、电子信息等领域关键算法、基础软件、核心器件与智能终端，形成实质性技术"护城河"与较高竞争壁垒。

（2）精：管理服务模式精细化——对内以数据驱动企业精细化管理，对外依托高灵敏度传感器、海量数据处理与挖掘技术、高精度人工智能预测模型提供更精准的服务和更具个性化的产品。

（3）特：业务场景特色化——场景即赛道，在细分场景深耕，为特定用户群体提供差异化的数字技术、产品、服务，持续积累独特数据资产，优化迭代算法模型，形成明显先发优势，并向其他关联业务场景持续穿透。

（4）新：解决方案新颖化——运用交叉学科的方法进入新领域，致力于"从0到1"原创性突破，以更加融合、智能和绿色的方式创造新的商业空间和解决方案。

三种类型企业——发展模式和成长路径各不相同

面对新一轮科技革命和产业变革的历史性交汇，2017年，成都以发展新经济、培育新动能为突破口，坚持把发展新经济、培育新动能作为新旧动能接续转换的战略举措、推动城市战略转型的重大抉择和重塑城市竞争优势的关键之举，提出让政策从"政府配菜"向"企业点菜"转变，从"给优惠"向"给机会"转变，从"个别服务"向"生态营造"转变，旗帜鲜明地提出打造最适宜新经济发展的城市。

随后，成都在全国率先提出应用场景理论，成立全国首个新经济发展委员会，通过不断探索创新企业服务方式，以应用场景建设为抓手，持续推出城市机会清单、创新应用实验室、城市未来场景实验室、场景示范工程等工作措施，构建形成"城市机会清单＋创新应用实验室＋未来场景实验室＋场景示范"全周期场景孵化机制，助力数字经济企业开展技术攻关、市场拓展，推动新产品、新场景落地应用。

通过分析成都的数字经济专精特新"小巨人"企业可以发现，企业在技术创新、组织管理、市场拓展、资源整合等方面的战略选择不同，企业发展模式和成长路径也有所不同，具体可分为基础型、应用型和平台型三类。其中，基础型企业注重关键核心技术的攻关，应用型企业注重细分场景的做深做实，平台型企业注重生态系统的搭建。基础型、应用型企业均有可能向平台型企业迭代演化。

基础型数字经济企业，主要包括聚焦数据采集（传感器）、传输（信息通信）、存储、算法与算力（AI芯片、服务器）等底层技术与架构的产品和服务提供商。从成长路径看，基础型数字经济企业通过长期深耕细分领域引领性、颠覆式、关键性新技术，积极与科研院所、上下游企业开展联合攻关，实现技术自主可控，并基于自身优势资源，通过嵌入行业龙头企业供应链向应用型、平台型企业迭代。

基础型数字经济企业典型案例，如和芯微电子，专注于集成电路模拟 IP 技术和射频技术研发，拥有以高速串行接口技术和音频编解码技术（audio code）为代表的多项核心技术，自主研发并投放市场 8 大类 100 多种型号的不同工艺和工艺节点的硅验证 IP 产品，凭借自有的优质 IP 产品、丰富的 IC 设计经验、良好的产业链合作关系，用定制化的最佳芯片级解决方案，帮助用户优化成本，缩短产品上市时间，降低开发风险。

再如成立于 2015 年的成都明夷科技，专注于高端射频微波芯片与高端模拟芯片的研发设计，通过长期的技术积累与创新，掌控了核心自主研发和产业化能力，为客户提供高性能、低功耗、高可靠性的产品及解决方案，广泛应用于接入网、数据中心、无线基站、移动终端等应用场景，服务网络已覆盖全国及海外部分地区。

应用型数字经济企业，主要包括将数字技术与制造业、服务业深度融合，面向特定用户或细分领域提供全场景系统解决方案或多元化产品的软硬件集成商和服务商等。从成长路径看，应用型数字经济企业一方面面向不同行业的共性需求，依托丰富的组件、插件、接口和大量的模型库、参数库进行业务数字化重塑和流程优化，提供零边际成本的标准化产品；另一方面聚焦细分领域用户个性化需求，提供功能完善、体验丰富的定制化产品、服务，通过数据资产积累、客户资源沉淀向平台型企业演进。

应用型数字经济企业典型案例，如中科大旗，立足智慧文旅行业，搭建基于文旅大数据和云计算的"慧政云""浩景云""文创云""文旅云"等可快速复制和推广的"互联网＋文旅"云平台产品体系，已为上万家景区、酒店、博物馆等文旅企事业单位提供了覆盖智慧文旅产业链各节点的信息化解决方案和服务，助力文旅企事业单位上云用数。

再如智元汇，聚焦"都市区 1 小时通勤"，通过数字出行新基建、线上线下新媒体、场景运营新零售三大业务引擎，以智慧交通降本增效、公共出行节能环保、乘客通勤便利实惠为目标构建"智惠行""3＋3"出行生态，创造性地实现了以购物反哺出行、广告主变供应商、乘客变会员的模式转换，在支撑城市公共交通生态升级、提升城市绿色出行分担率的同时，为乘客出行提供常态化"便利实惠"的美好体验。

平台型数字经济企业主要包括面向重点行业和区域的综合型、特色型产业互联网平台和面向特定技术领域的专业型技术服务平台运营商。从成长路径看，平台型数字经济企业往往由基础型、应用型企业演化而来，一方面基于细分行业的知识积累、客户资源、技术沉淀，将行业管理知识、工艺机理、专家经验等，封装为可移植和可复用的 APP、标准化工具包、微服务组件、创新"沙盒"等，以推动行业场景云化，降低资源获取成本，提高配置效率；另一方面整合产业链企业、科研机构、行业联盟和协会等多方资源，开展敏捷化产品研发和业务场景创新，以多场景数据调用、多主体数据互动释放数据联通价值、激活数据内生价值，构建共创共享的协同发展生态。

平台型数字经济企业典型案例，如数之联，以计算机视觉技术、多维数据分析挖掘技术和自然语言处理技术为核心，聚焦"智能制造、智慧城市"两大领域，形成了以行数、行明、行智标准化产品为核心的自主可控"一体化云原生数智服务平台"，为政府、企业和国防军工单位提供数据治理、数据可视化分析、数据挖掘等面向平台和场景的数智化技术服务，助力客户实现降本、增效、提质。

再如国星宇航，基于"星时代"AI 卫星星座及太空大数据，打造了卫星地图互联网服务 SaaS 平台——星云平台，实现卫星数据生产—发布—应用的一体化即时服务体系，为用户提供便捷、高效、零门槛的卫星互联网服务，帮助用户一站式解决从卫星数据获取到卫星数据应用的难题,支撑关于生态破坏事件的主动发现、国家生态保护红线监管等领域卫星数据应用。

又如川能智网,以"新电改"电力交易为入口,打造智网在线企业能源数字化管理平台,为重点能耗行业企业用户提供数字化电力交易、数字化能效管理、数字化安全服务,帮助企业优化用能结构,降低用电成本,实现节能降耗,提高数字化能效管理水平。目前,川能智网已覆盖四川省15个重点耗能行业,签约1 500余家企业,通过平台辅助电力交易,签约电量连续3年位居四川第一,成为2021年中国企业绿电交易卖方第4名。

三种培育措施——靶向推动数字经济企业"专精特新"发展

相较于传统制造业,数字经济"专精特新"企业的内涵、基本分类、成长路径已经日渐清晰,但针对性的培育措施有待强化。欲进一步提高数字经济中小企业发展质量和水平,就要配套出台中小企业"专精特新"发展专项行动计划,建立动态专精特新"小巨人"企业种子培育库,按照"突破一组关键技术+组建两类实验室+编织三层创新网络"的思路,构建政府主导,产业园区、行业协会、服务机构等多方主体协同参与的企业培育机制,通过硬核技术攻关、应用场景营造、开放开源生态共建,提高企业融通创新能力、市场开拓能力和资源整合能力,推动数字经济企业"专精特新"发展。

突破一组关键技术:以硬核技术驱动基础型企业做精做深。最重要的是鼓励"链主"企业聚焦产业链"卡脖子"关键技术、行业共性技术及企业个性化技术突破，以"揭榜挂帅"方式对外开放合作资源，为基础型企业融入"链主"企业产业链、创新链、供应链提供入口与市场机会。与此同时，要围绕降低研发成本、构筑创新合力、加速研发进程等目标，大力支持基础型企业与龙头企业、高校院所、新型研发机构、中介服务机构、金融机构等联合组建创新发展共同体，以市场化机制集聚信息、技术、人才、资金、数据等创新资源，解决产品更新迭代、材料性能升级、生产设备改造等技术难题，推动基础元器件、关键软件、底层操作系统、核心算法等自主可控，制定底层应用规范和行业接口标准，探索向应用型、平台型企业演化发展。

组建两类实验室：支持应用型数字经济企业组建"城市未来场景实验室"和"创新应用实验室"，以场景营造助力应用型数字经济企业市场拓展。通过组建两类实验室，可以实现"0—1"纵向融通重构和"1—N"横向跨界整合。首先，城市未来场景实验室可以开展新技术、新模式、新业态融合创新的场景实测、模型验证，评估商业模型合理性、市场前景前瞻性、政策适应性；其次，创新应用实验室可联合产业链上下游中小企业、各类创新主体协同开展集群创新和新产品市场化应用攻关。此外，要面向政府部门、产业园区、国有平台公司、数字经济中小企业定期收集场景建设供需信息，聚焦细分行业共性需求，发布"城市机会清单"，释放城市发展机会，定期开展城市机会推介会、应用场景沉浸式沙龙、供需对接会、企业茶话会等主题活动，促进供需双方精准对接。

编织三层创新网络：以开源开放推动平台型企业生态构建。第一层是构建开源技术合作网络，面向工业互联网、自动驾驶、操作系统等领域需求，支持平台型数字经济企业与新型研发机构合作，建设具有自主核心技术的开源社区、开源平台、开源项目，鼓励企业开放软件源代码、硬件设计和应用服务，促进要素资源无边界流动和共享。第二层是构建开放产业协同网络，聚焦产业链强链补链延链和本地生态构建，鼓励平台型数字经济企业与产业园区合作建设产业创新中心，通过数据融通、渠道共享、服务外包及产品配套等方式构建产业协作网络，促进产业链上下游、左右岸中小企业能力集成和在线共享，推动大中小企业融通创新。第三层是构建国际化贸易服务网络，聚焦企业快速切入全球市场需求，支持平台型数字经济企业基于数字底层技术、用户规模和全球资源网络，聚合AI营销、品牌赋能、SaaS中台、组织优化等生态合作伙伴和服务商，链接国际机构、国际知名创投社群等资源，举办具有全球影响力的创新大赛、博览会、贸易会，为企业出海提供一站式、一键搭建贸易服务，快速切入全球市场。

结语

面向未来，随着数字经济与实体经济深度融合，数字化进程必然向细分领域进一步纵深发展。在所有推动产业数字化进程的力量中，中小企业既是主力军，也是数字化转型的主战场。作为中小企业的中坚力量、数字化转型的先锋队，"专精特新"企业有望向产品卓越、品牌卓著、创新领先、治理现代的一流企业跃升。让我们期待一个"专精特新"企业加快涌现的时代。

12

"专精特新"企业是共同富裕和乡村振兴的主力军和重要基础

写在前边的话

2021年11月26日,我在"大变局下的中国管理"公众号上写下了第一篇关于"专精特新"的文章。下一周周一刚上班,我就接到一个电话。电话的另一头,一个中年男子说:"我是农业农村部政策研究室的×××,我看到您写的一篇解读'专精特新'政策的文章,写得非常好,我想请您吃个饭,见面聊聊。"我说:"不对吧,我研究的是'专精特新',与你们农业农村部有什么关系呢?这是工业和信息化部应该关心的事情。再说,您有什么事情,咱们电话里说就可以了,没有必要见面聊。"他说:"事实上,我们农业农村部也很关心'专精特新',因为乡村振兴要靠企业,而上市公司中涉农企业有300多家。农业农村部也有类似的评选活动,我们叫作'名特优新'。"

听着电话那一端的话,我脑子里灵光一闪,突然插了一句,彻底改变了谈话的方向。我说:"不好意思,听您的口音,好像是陕西人吧?"他说:"您听得出来我的口音?的确,我是陕西人,陕西咸阳的。"我压制住内心的激动,不动声色地继续追问:

"您家是咸阳哪儿的？北五县的吧？"那个中年男子说："您也是陕西人？我是彬县的。"然后，我们就彻底转换成了旬邑—彬县一带的土话了，"哎呀呀，咱们是老乡呀，必须见面吃顿饭，好好聊一聊"。

于是，一场饭局就这么敲定了。三天之后，我们从"专精特新"谈到了乡村振兴，谈到了青少年时代所经历的贫困和饥饿，也谈到了黄土高原上三千年前那个叫作"豳州"的地方——它曾经是周王朝的发源地，周太王（古公亶父）的故国家园，《诗经》中收录的《豳风》就是我们祖先传唱的民歌。那时，旬邑和彬县都属于豳州，还没有分开治理。

据传古公亶父在位期间，熏育和戎狄进攻周族，想要夺取财物，亶父就给了他们财物。后来他们又来攻，要取得周族的土地和人口。民众非常愤怒，想要抵抗。古公说："民众拥立君主，是为了让君主为民众谋利。如今戎狄来攻，是为了我的土地和臣民，而臣民归我还是归他，又有什么区别呢？你们要为我而战，要杀死很多人的父子，通过这种办法让我当国君，我不忍心做。"于是，亶父带着家人和亲随离开了豳，渡过漆水和沮水，经过梁山，到岐山之下安顿了下来。豳地的人全都扶老携弱，复归古公到岐下。其他国家的人听说古公仁德，也多归附。于是，古公改革戎狄的风俗，营造城郭房舍，让人们分别居住，并设置五官，各司其职。人民安居乐业，都歌颂周太王的功德。①

不同于三千年前的小农社会，21世纪的乡村振兴离不开现代

---

① 摘自百度百科。

农业技术，共同富裕更离不开量大面广的中小企业，它们是共同富裕和乡村振兴的基础性力量；不管是"专精特新"还是"名特优新"都是共同富裕路上的领头羊，它们都与减少区域发展不平衡、城乡差异有非常紧密的关系。

最后需要说明的是，本文的写作参考了《专精特新中小企业发展报告（2022年）》，也参考了《专精特新未来可期》一文①。文末关于天虹丝绸的案例，是由深圳大学曾宪聚教授和他的硕士研究生曾凯提供，在此一并致谢。

"专精特新"企业是振兴县域经济的动力引擎

中国区域差异巨大，这表现为东西差异、南北差异和城乡差异等。如果从黑龙江黑河到云南腾冲画一条线，把中国一分为二，那么这条线的东边面积仅占整个中国的36%左右，但是，90%左右的人口和GDP都位于这条线的东边，而这条线的西边占据了64%左右的国土面积，却只有10%左右的人口和GDP。这条线是1935年中国地理学家胡焕庸最早划分中国人口密度的对比线，所以被称为"胡焕庸线"。差不多百年过去了，即使依靠新中国强大的中央政府的统筹规划，不管是20世纪60年代的"三线建设"，还是改革开放以来的财政转移支付和沿海地区对内陆省份的对口支援，这种区

---

① 赵文智. 专精特新未来可期. 瞭望，2022-11-11.

域之间的差异并没有显著缩小，而是保持相对稳定。所以，地理因素（温度、降水、地形地貌、可耕种土地、山川河流的可通达性、离海洋的距离等）的作用不容忽视。

根据工业和信息化部发布的相关数据，前四批专精特新"小巨人"企业中，有 5 370 家集中在东部地区，占比约 60%；2 068 家分布在中部地区，占比约 23%；1 167 家分布在西部地区，占比约 13%；392 家分布在东北地区，占比约 4%（见表 7）。专精特新"小巨人"企业的分布与"胡焕庸线"东西对比也基本上保持一致：87%∶13%。

表 7　专精特新"小巨人"企业数量区域分布

	前三批	第四批	总计
东部地区	2 586	2 784	5 370
中部地区	1 061	1 007	2 068
西部地区	750	417	1 167
东北地区	272	120	392

从省域分布来看，专精特新"小巨人"企业分布最多的四个省份分别为浙江省（含宁波市）、广东省（含深圳市）、山东省（含青岛市）和江苏省（见图 21）。其中，浙江省（含宁波市）专精特新"小巨人"企业已率先破千，达 1 068 家，其余三省分别为 867 家、756 家和 701 家。整体来看，专精特新"小巨人"企业数量全国分布与工业增加值全国分布基本保持一致。

解决区域发展不平衡、城乡发展不平衡、农村发展不充分问题，是实现共同富裕的题中之义。4 600 万量大面广的中小企业有相当一部分分布于城郊与乡镇。第四批专精特新"小巨人"企业中，总部位于非直辖市、非计划单列市、非省会城市的约占 48%，雇佣全职员工总数近 160 万人。

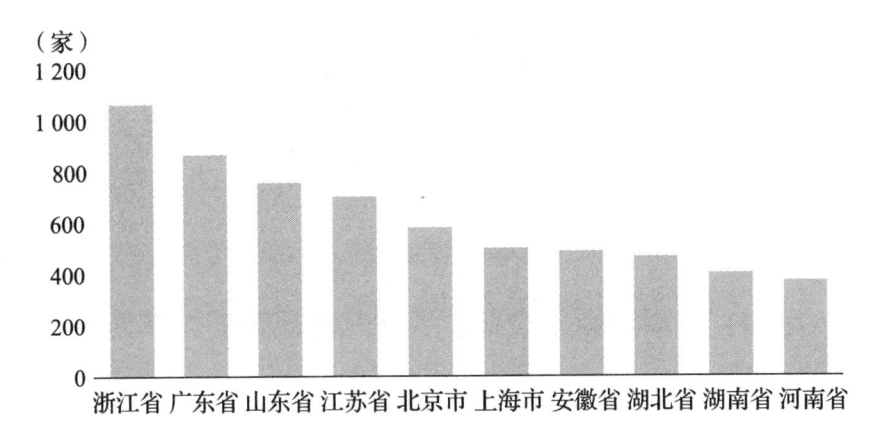

图 21　专精特新"小巨人"企业数量排名前 10 省域分布（含计划单列市）

中小企业越活跃，"藏富于民"越凸显，当地经济越发达。我曾经指导相关单位做过一项相关研究，发现专精特新"小巨人"企业的数量与地区经济增长、财政收入等的相关系数高达 0.88。而结合樊刚等开发的中国市场化指数数据库，我们发现，专精特新"小巨人"企业的数量与当地营商环境之间的相关系数高达 0.67。

以浙江省为例，全省小微企业数量与常住人口比率达到 1∶23，也就是说不必依赖于国企或者大型企业，而是靠扎根当地的小微企业就可以过上好日子。因为当地就业充分，贫富差异不大，所以浙江省才有机会率先探路共同富裕示范区建设，这直观地验证了"中小企业发展得好的地方，经济都很好"这一规律。

相比之下，东北三省严重缺乏优质中小企业，当地年轻人就业的第一选择是进政府当公务员或者进国企端"铁饭碗"，优质中小企业少，经济不景气，营商环境与民营经济发展之间形成恶性循环，所以坊间流传一句话——"投资不过山海关"。

当前，中西部地区和东北三省的县城面临人口塌陷、农村塌陷和产业萧条的危险；而东部的县域则不断吸纳劳动力，中小企业蒸蒸日上，当地居民消费需求旺盛，并且提质扩容空间巨大。正反两方面的经验和教训告诉我们，优质中小企业的发展是共同富裕和乡村振兴的基础性支撑力量。

培育"专精特新"企业、实现共同富裕的具体途径

从理论上进行分析，中小企业既是推动共同富裕的参与者、奋斗者，又是实现共同富裕的贡献者、受益者，它们的壮大扩围与崛起繁荣，必将形成创富、带富、帮富的协同效应。围绕高质量培育"专精特新"企业、实现共同富裕的具体途径主要有四条：

一是围绕"专精特新"企业（或者广义上的优质中小企业）打造就业新增长点，发挥其在扩大就业容量、提升就业质量特别是保障高校毕业生等重点群体就业方面的关键作用。相比普通中小企业，优质中小企业在解决就业方面有更大的潜力。

二是"专精特新"企业是扩大中等收入群体规模的关键一环。"专精特新"中小企业普遍集中在附加值较高的生产制造环节。相比普通中小企业，"专精特新"中小企业利润空间比较大，而且工作稳定性强，员工往往能享受较高的工资福利待遇。通过选择树立"专精特新"企业作为创业就业的典型标杆，打造一批在市场实践中成长起来的高水平工程师和创新团队，可以带动提升高素质农民、技能技工人才等重点中等收入人群的增收潜能和收入待遇。

三是"专精特新"企业是增加金融资产等财产性收入的重要标的。近几年，世界充满高度不确定性，俄乌冲突爆发，全球性通货

膨胀迎面袭来，需求不振。即使在这种情况下，"专精特新"中小企业营收增长势头依然强劲，创新投入高效持续，再加上支持优质中小企业的北交所横空出世，"专精特新"成了资本市场追逐的香饽饽。事实上，"专精特新"企业既是资本市场认可的优质标的，又是个人投资者"掘金"主线条。不管是企业创始团队、骨干员工，还是一二级市场的投资者，如果在长期持有"专精特新"企业股权的过程中能共同分享其价值成长红利，大概率可以获得可靠稳定的收益。

四是在加快构建"以国内大循环为主体、国内国际双循环相互促进"的新发展格局、建设全国统一大市场的过程中，如果沿海地区的龙头企业和"专精特新"企业可以优先在国内进行有序的产业转移，必将推动中西部大开发和东北振兴。因为德国和日本国内市场狭小，它们的经济是出口导向型的，所以德日"隐形冠军"很早就开始了国际化。而中国超大规模的市场，以及新建的几十万千米的高铁线和高速公路、发达的电子商务和移动支付等极大地降低了交易成本，这使得中小企业不一定非得走出国门、鏖战国际市场，它们完全可以以沿海地区的创新高地为起点，在国内进行梯度产业转移，这既降低了生产成本，又避免了国内产业的空心化，从而促进了中西部和东北地区的经济发展，有利于共同富裕。

"专精特新"企业是实现乡村振兴的主力军和重要基础

乡村振兴是共同富裕的应有之义。量大面广的中小企业绝大多数分布于城郊与乡镇，"专精特新"企业也是实现乡村振兴的主力军和重要基础。

第一,"专精特新"不仅仅针对制造业,也适合涉农企业。引导乡村中小企业走"专精特新"发展之路,充分利用各项政策优惠,是巩固脱贫成果、促进乡村振兴最为有效的手段之一。

第二,"专精特新"企业能够促进传统农业转型升级,加快数字技术赋能乡村公共服务,可以提升农村的精神面貌。

第三,"三农"领域的"专精特新"中小企业是推进农业产业化的中坚力量,能够培育壮大县级优质财源,提升招商引资的规模质量,以及放大区域产业集群的带动效应。

第四,助企兴业、以工补农,可以吸纳农村剩余劳动力转移就业,以及吸引劳动力回流到县城,推动营销渠道下沉和产品"下县下乡",可以助力"精准脱贫"迈向"精准致富"。

总之,在整个逻辑链条中,优质中小企业和"专精特新"企业都扮演着重要角色。

附录:天虹丝绸案例分析

一、天虹丝绸的发展历程

绵阳天虹丝绸有限责任公司(简称天虹丝绸)成立于2001年,前身是绵阳市涪城区茧丝绸公司。20世纪90年代,蚕桑行业正经历市场化改革,涪城区茧丝绸公司在竞争中颓势越来越明显,到2001年几乎处于破产边缘,所有资产都抵押给了银行,还背负500多万元的债务。担任公司副总经理多年的杨慧君女士凭着内心对蚕桑事业的热爱和振兴蚕桑行业的念头，决定在政府支持下接手该公司，实行改制，天虹丝绸正式成立。

公司前期的主营业务是蚕茧销售。公司向普通农户提供蚕种，再全部回购蚕茧。公司同步吸收共育户作为公司核心合作者。共育户为公司孵化蚕种，为农户提供技术指导，并协助农户将蚕茧卖给公司。由此，公司在前期发展阶段逐渐形成"公司＋共育户＋农户"的模式。2012年，公司收购丰谷缫丝厂，开始进入"桑—蚕—丝"一体化运营阶段，持续狠抓蚕茧收购、生丝质量和技术创新。为了集约化、规模化和规范化生产茧、丝，公司逐步打造现代蚕桑农业园（见图22），再将农业园返包给家庭农场主，蚕茧由公司统一全部收购。家庭农场逐渐取代共育户的职责，与农户建立深层连接，构建起了"公司＋家庭农场＋农户"的新模式。在中美贸易战和新冠疫情的挑战和冲击中，天虹丝绸准确识变，主动应变，进一步加大对政府、保险公司以及高端客户的整合协同力度。同时，融合科技、文化、旅游商业等元素，公司向产业链高附加值环节拓展延伸，促进产业之间融合发展，"公司＋家庭农场＋农户＋X"的

图22　天虹丝绸现代蚕桑农业园俯瞰图

生态模式进一步推动了公司的成长。天虹丝绸所申请的"涪城蚕茧"获得农业农村部颁发的"全国名特优新农产品"称号和"农产品地理标志"登记证书（见图23和图24）。事实上，天虹丝绸20多年的发展之路也是一条"专精特新"之路。

图23 天虹丝绸2019年获得"全国名特优新农产品"称号

图24 天虹丝绸2020年获得"农产品地理标志"登记证书

二、"名特优新"的天虹丝绸带动共同富裕

天虹丝绸目前主营桑园管理、养蚕管理、蚕茧收烘、生丝制造等蚕桑经营一体化业务，形成了以蚕桑产业为基础、蚕丝加工为载体、蚕桑文化为拓展的一、二、三产业深度融合的蚕桑现代农业园区经营模式，有序布局了400多个集群化组合式蚕棚、4 000多平方米的涪城蚕茧交易中心，专门设计建成了3 000平方米的"千鹤丝语"丝绸文化体验式展厅。全国范围内唯有天虹丝绸能够整季规模生产雄蚕茧，并进行工业化缫丝。99.5%的生丝经商检检测品质达到6A、超6A品级。公司80%以上的生丝直供LV、香奈儿、爱马仕等国际顶端奢侈品牌，其余供应国内高端丝绸厂，基本掌握高端生丝的定价权。中国茧丝绸交易市场的数据显示，天虹丝绸的蚕茧、生丝价格长期稳居行业第一，属于农业领域名副其实的专精特新"小巨人"企业。

天虹丝绸在自身发展之余，也为当地共同富裕做出了卓有成效的贡献。公司现有合作的家庭农场主400户、共育户190户、农户近10 000户，天虹丝绸与他们相互嵌入、融合共生，建设现代化蚕桑农业园1.2万亩，园区被授予"中国优质茧丝生产基地"称号。天虹丝绸带动当地蚕农①在周边4个镇、14个村建设桑园3.5万亩，蚕农每亩桑园综合收益达8 000元以上，高出传统粮油产品3倍，人均可支配收入高于当地平均水平22%。2020年，当地生产鲜蚕茧3 300余吨、生丝200余吨，蚕桑总产值3.2亿余元，帮助蚕农创收1.8亿元（见图25）。2019年，企业所在地（绵阳市涪城

---

① 蚕农，包括普通农户和家庭农场主，即传统蚕农和新型蚕农，统称蚕农，全案例一致。

区）成为四川省乡村振兴战略先进区（全省仅 10 个），也逐渐发展成为全球顶尖生丝的来源地和中国传统蚕桑文化的输出地。

图 25　农户向天虹丝绸出售蚕茧

三、天虹丝绸靠什么带动共同富裕

相比一般的农业企业，走"专精特新"之路的天虹丝绸在资金、技术、管理、渠道等多方面能够给农民带来更大的便利和优势，农民在公司的引导经营下物质条件、生活水平都有了明显改善，这也吸引更多的农民加入以天虹丝绸为核心的新型农业组织，逐渐扩大了共同富裕的覆盖范围，形成良性循环。具体而言，天虹丝绸通过如下途径带动当地农民共同富裕：

第一，制造精品生丝，提高蚕农整体收入。生丝品质 70％取决于蚕茧的质量，30％取决于缫丝工艺。行业内茧、丝质量良莠不齐，并且价格波动大，受自然灾害的影响显著。天虹丝绸专注精品丝，凭借优质的产品质量，与爱马仕、香奈儿、LV 等众多国际顶级奢侈品牌商签订高价生丝供应合同，整个产业链利润大幅提升。高质量蚕茧价格一般比市场平均价格高出 20％，蚕农的收益得到明显提高，也更愿意花费更多的时间和精力投入其中，养蚕也从曾经的"副业"变为"主业",蚕茧质量得到进一步提升,保证了公司生丝品质与价格的稳定。

第二,构筑发展平台,以大户带小户。天虹丝绸将承包土地改造成标准化的现代桑园,将其返包给家庭农场主(大户)。前期所有投入由公司买单,为愿养蚕、懂管理的新型蚕农构建统一的发展平台,家庭农场主直接"拎包入驻"。天虹丝绸与他们签订返包合同,将进城打工的全职工资折算成收购底价,收购价格与蚕茧品质等级挂钩。家庭农场主在每年养蚕繁忙的季节,都会提前雇用一定数量的临时工采桑育蚕;这些临时工往往是家里只有几亩桑园的老人和妇女(小户),在忙完自身工作之余,通过受雇获得额外收入。这有效地提高了当地的就业水平和收入。家庭农场的规模化标准养殖使蚕桑管理劳动成本降低50%以上,大幅提高了蚕桑业的经济效益,吸引了许多年轻人加入家庭农场主的队伍。

第三,数字化管理,不落下一户。公司针对当前农村青壮年劳力不足、留守老人和妇女多的特点,建立一卡通式交易和信息系统。一方面,所有收入直接汇入个人银行账户,彻底解决了部分蚕农卖茧收入容易丢失的痛点问题。另一方面,蚕农订种、卖茧的价格和收入以及其他相关信息都集中在一张卡里,公司通过数字化管理及时了解所有蚕农的情况,遇到明显不同于正常年份的蚕农售卖信息,可以及时进行管控;而当遇到由于自然灾害、疫情等原因导致蚕茧减产时,公司可以对其进行精准帮扶。天虹丝绸还吸纳了一些老蚕农的子女作为正式员工,当地一些收茧站的站长也是蚕农的后代,让他们充分共享发展成果,有效地保证了生产队伍的稳定性。

第四,确立风险保障制度,树立底线思维。由于蚕桑养殖的高风险性（靠天吃饭、病虫害严重等），保险公司大都将其视为"烫手山芋"，不愿也不敢为蚕农提供保险服务。天虹丝绸主动提出利用自身下沉到蚕农的组织优势和信息优势，帮助保险公司精准甄别赔付情况，并从利益比较和舆论口碑等方面分析蚕农不会将蚕种倒掉故意骗保的真实原因；同时，还通过专业技术帮助判断甄别某些"意外"到底是人为还是自然灾害所导致。保险公司与公司深入沟通后，便放心介入，提供新险种，迅速形成"多赢"局面。天虹丝绸还在内部设计保险机制，每个共育户和家庭农场主每年都额外育种 5%，当有任何农户因不同原因缺少蚕种时，均可从前者手中无偿领取部分蚕种，这种互联互保而又免费的方式确保了绝大多数情况下蚕种数量和质量的稳定性。

第五，携手政府共建蚕桑园，丰富百姓精神世界。当地政府看到天虹丝绸在创造更多农村就业机会、带领农民增收致富、帮助贫困户实质脱贫、推动传统农业向现代农业转型中的独特贡献，主动联系天虹丝绸，给予政策扶持。政府支持天虹丝绸将蚕桑农业园开发成当地特色旅游项目，打造现代产业体验园区的蚕旅融合品牌。疫情暴发之前的 2019 年，当地产业体验园区吸引游客 15.58 万人，而且当地人能够免费参观。"千鹤桑田"观光带、"杨家绣房"体验培训馆、"桑之玉"桑叶茶文化品味厅等一批传承丝绸文化的三产项目大获丰收，极大地提高了当地百姓的精神文明。

13

如何帮助"专精特新"企业持续创新？

> **写在前边的话**
>
> 这是2022年11月初，应国家发展和改革委员会主管的《改革内参》的邀请所撰写的一篇内参，供国务院有关部门参考。此文收入本书正式出版时，已经过了六个月的保密期。特别要说明的是，即使没有《改革内参》的约稿，我也是有心思要撰写此文，评价一下近一年多来密集出台的各种"专精特新"相关政策的实际效果、企业对政策的获得感、企业面临的真实需求，以及后续如何助力"专精特新"企业持续创新等问题。所以，这篇文章恰好处于"专精特新"系列文章的逻辑链条上，文气上连续绵延，作为本系列文章的最后一篇恰到好处。

简析"专精特新"相关政策的效果

"忽如一夜春风来，千树万树梨花开"。在过去一年多的时间里,"专精特新"一词从政府文件里走入了量大面广的 4 600 万家中小企业,引起了全社会的高度关注。2022 年入选第四批专精特新"小巨人"的企业数量达到 4 357 家,几乎等于前三年的总和,总计达到 8 997 家。再加上工业和信息化部认定的 848 家"单项冠军"企业,以及 5 万多家省级"专精特新"企业,关于优质中小企业梯度培育的工作已经开花结果。

仔细分析近两三年里所出台的与"专精特新"有关的政策文件,我们可以看出,政策思路越来越清晰,政策体系也越来越完整。从培育"专精特新"企业的角度来看,有《为"专精特新"中小企业办实事清单》中的 31 条;从纵向产业链的视角来看,有《开展"携手行动"促进大中小企业融通创新(2022—2025 年)》,鼓励龙头企业带动"专精特新"企业的发展;从横向地理空间产业聚集的角度来看,有《促进中小企业特色产业集群发展暂行办法》;从数字化转型角度来看,有关于中小企业数字化公共服务平台的评选,计划未来三年里,围绕 100 个细分行业,扶持和培育至少 300家适合中小企业的数字化转型服务商,提供"小快轻准"的服务,打造 4 000~6 000 家"小灯塔"企业;从知识产权保护方面,三部委联合出台了《关于知识产权助力专精特新中小企业创新发展的若干措施》;从促进产学研协同、促进科技成果转化方面,更是发起了"千校万企"的行动;从中小企业公共服务机构建设的角度来看,工业和信息化部也评选出了第二批财政支持的中小企业公共服务示范平台。除此之外,从中央到地方,更是出台了各种财政、金融和税收政策,对"专精特新"企业的奖补政策百花齐放、各显神通。再加上创业板、科创板、北交所、地方性的股权交易所里的"专精特新"板,服务"专精特新"企业的专业银行联合体等,助力"专精特新"的金融体系总体上已经构建得比较完整了。

我认为,在政策密集爆发期之后,我们应该关注政策执行效果。从文件出台到落实有一个过程。在政策落实的过程中,既有政策设计不符合现实情况的问题,也有执行过程中打折扣的问题,但是,也可能涌现出一些本地化的创新,可以反哺下一轮的政策设计。当下,政策制定者和研究者很关心的一个问题是,入选专精特新"小巨人"或者"单项冠军"之后,这些企业的实际获得感到底如何?这些政策对于企业的持续创新有何影响?还有哪些未被满足的核心诉求?如何解决这些问题?

根据我们对宁波、石家庄和成都100多家"专精特新"企业的调研,绝大多数企业表示入选之后,有比较明显的收获感。主要包括:(1)直接获得了一定额度的奖补(从70万元到500万元左右,各地不等,"单项冠军"奖励额度更大);(2)从银行借贷的成本降低了;(3)企业知名度和品牌提升了,招投标时明显加分;(4)获得了各级领导的更多关注,这种效应在中西部地区更加明显(因为入选企业的稀缺性,"单项冠军"相比"小巨人"企业,在这方面感受更加明显);(5)进一步坚定了企业走"专精特新"之路的信心;(6)企业现在也比较敢于在研发上有更多投入,创新的形式更加复杂、高级和综合,创新的成果也更多了。总之,我认为,围绕"专精特新"企业的相关政策是近年来促进中小企业发展的政策中效果最明显、最成功的政策之一。

"专精特新"企业的核心诉求主要包括以下问题:(1)希望政府出面建立更多的对接龙头企业、国企的平台和渠道,在招投标方面、在促进大中小企业融通创新方面有更多实质性机会;(2)希望政府在专门化的技术人才招聘、培育和职称认定上给予支持;(3)希望政府提供更多资金支持和税收减免政策，包括尽快兑现工业和信息化部承诺的奖补资金等。如果说第三条是由来已久的常规性建议，那么前两条则具有很强的针对性。我们都知道，"专精特新"企业主要是为龙头企业做配套的，它们深深地嵌入产业链中，它们的发展有赖于龙头企业所提供的市场机会和资源。另外，因为深耕在特定的细分行业，"专精特新"企业所需要的专门技术人才经常是特异性的、比较稀缺的，需要积累的工作经验才能成长起来；而"专精特新"企业经常分布在中小城市甚至县域，对高端人才的吸引力不足。

对策建议

本文结合相关政策、企业调研的情况，重点谈如何帮助"专精特新"企业在持续创新之路上走得更顺、更快，特别聚焦在如何正确看待"专精特新"企业的真实创新水平，如何营造有利于持续创新的外部环境，以及持续创新所需要的人力资源的培养和使用等。

第一，创新是"专精特新"的灵魂。"专精特新"企业是补链强链补短板、解决"卡脖子"问题的生力军，相关政策焦点应该始终不移地落在持续创新上，而不是其他方面。相比德、日、美等国的"隐形冠军"企业，我国大多数"专精特新"企业仍然很幼小，还处于培育阶段，尤其是在品牌影响力、研发产出、市场地位等方面，与欧美强国的企业相比还有明显差距。不管是政府政策，还是企业经营，都应该围绕持续创新这个核心不动摇。根据我们的调研，绝大多数专精特新"小巨人"企业的创新水平目前仍然较低，主要形式是单点突破，急需由点及面的更高级、更复杂的创新形式。很多"专精特新"企业的创新目前主要停留在生产工艺的改进、产品设计的改进方面，而非核心关键技术的颠覆性突破，开放式、集成式创新等。绝大部分中小企业的发展秉持一种实用主义导向，赚了钱以后才敢投入研发。只有1/10左右的企业即使饿着肚子也愿意超前投入研发。

第二，正确看待专精特新"小巨人"企业的研发强度等数据。根据中国中小企业发展促进中心、中国信息通信研究院和中国工业互联网研究院2022年9月8日联合发布的《专精特新中小企业发展报告（2022年）》，2021年专精特新"小巨人"企业平均研发强度约为8.9%，研发人员占总人数的比例约为28.9%。这些数据看似亮丽，甚至超过了德国"隐形冠军"的相关指标，但是，我们认为需要客观审慎地看待这些数据。主要原因如下：（1）关于研发强度和研发人员比例的统计，很难严格界定。为了通过"小巨人"企业的认定，一些企业可能在这些数据上做了手脚，注入了一定的水分。(2)某些细分行业，如医药行业和软件行业，在前期研发工作中确是高投入的，甚至高达40%～60%，也从整体上拉高了数据。（3）前三批入选"小巨人"的企业以中型企业为主，而第四批入选企业中小微企业的数量明显增加。企业在发展初期和营收规模较小的时候，研发强度和研发人员占总员工的比例相对来说比企业规模大了、进入成熟期以后的比例要更高一些，所以总体上也拉高了相关数据。总之，我们既要看到"专精特新"企业所取得的可喜进步，也要看到事情的真相，以及我国与欧美强国之间的差距。

第三，维持全社会对于"专精特新"企业的热情，在很大程度上依赖于一个健康稳定的资本市场。"专精特新"概念的孕育，历经了三个阶段，前后差不多20年。但是，"专精特新"企业的大火与北交所的推出紧密相关。近一年多来（截至 2022 年 10 月），A 股跌跌不休，科创板从 1 639 多点跌到 850 点附近，三板成指从 1 173 点跌到 950 多点，创新成指也从 1 825 点跌到 1 400 点附近。不少"专精特新"企业上市即破发，极大地挫伤了一二级市场投资人的信心。长此以往，势必影响"专精特新"企业在资本市场上的融资。目前，中央和地方财政吃紧，单靠财政补贴是无法推动"专精特新"企业发展的，必须依靠社会资本。而要想依靠社会资本，就必须提供资本退出机制以及获利的可能性。所以，建立一个欣欣向荣的股市关系到"专精特新"企业的繁荣发展。

第四，过于直接的奖补政策可能违背市场竞争的中性原则，被欧美国家攻击为产业政策偏袒或者不正当竞争。2022 年 2 月初，英国《金融时报》曾经采访我（因为俄乌战争的爆发，该采访目前没有发表），从其所提出的问题来看，话里话外，都涉及以上问题和质疑。事实上，德国和日本都有明确的产业政策，美国近几年也不断加强产业政策，例如，最近美国发布的《先进制造业国家战略报告》等。但是，欧美国家的补贴方式比较曲折和隐蔽。德国模式是大力扶持第三方的中小企业服务机构，例如，聚焦应用技术开发的弗劳恩霍夫协会、负责技术转移和双元制教育的史太白技术转移中心等，通过第三方机构营造有利于中小企业发展的大环境，降低交易成本。而美国模式主要是通过国会立法，将巨额财政资金拨付给军工联合体，然后军工联合体基于市场机制自行选择，向下渗透，再带动高科技创新型中小企业的发展。我们建议，对"专精特新"企业的扶持，既可以参考德国模式，通过大力扶持第三方机构的发展（例如，新型研发机构、工程技术创新中心、中小企业公共服务示范平台、数字化公共服务平台等），进一步优化产业环境，也可以参考美国模式，通过龙头企业、链主企业、国有企业带动"专精特新"企业的发展，鼓励大企业在招投标、首台首套、揭榜挂帅等环节为中小企业创造更多机会，留足利润空间。此外，我们建议对于财政支持的国家重点"小巨人"企业名单做保密处理，以免其成为新一轮美国"实体清单"打击的对象。

第五，进一步推进各种类型的中小企业公共服务示范平台、行业协会、工程技术创新中心的发展。根据我们的调研，中小企业服务机构鱼龙混杂，良莠不齐，急需出台标准规范中小企业服务机构的产品，提升从业人员的能力。政府可以考虑推出某种职业资格认证，同时针对服务机构开展技能大赛等赋能活动。虽然政策鼓励三种类型的服务机构（政府、市场和社会公益）各自发挥不同的功能，但是相对而言，市场化运作的中小企业服务机构比事业单位或者社会公益机构更加专业、更有动力也更能发挥作用，应该成为政策扶持的重点。另外，要大力发展基于细分行业的行业协会和专业协会，因为它们在技术信息和经验交流方面，可以有效弥补"专精特新"企业在高端技术人才方面的短缺，使得嵌入特定行业中的内隐的、分散的、粘滞的知识在同一个行业内流动起来，提高整个行业的创新水平。最后，建议采用灵活用工方式，按照"不求为我所有，但求为我所用"的招才引智原则，通过在中小企业特色产业集群里建设工程技术创新中心，灵活引进高端技术人才，突破关键共性技术，大面积普惠"专精特新"企业。

第六，改革教育体制，鼓励大学生去"专精特新"企业工作，建功立业。根据《专精特新中小企业发展报告（2022年）》，2021年"专精特新"企业网上招聘应届大学毕业生时收到的简历数量与岗位之比大约为2∶1，由此可见，"专精特新"企业并非大学生求职的热门。同时，每年将近1 000万的大学毕业生中有相当一部分存在就业难的问题。究其原因主要是：（1）"专精特新"以中小微企业为主，缺乏品牌知名度，所提供的薪酬也没有多大的竞争力，工作缺乏稳定性和安全感；（2）"专精特新"企业分布在中小城市和县域的居多，缺乏大城市的吸引力，在人才招聘方面存在困难。

"专精特新"企业至少需要三类人才，而目前的教育体制和用人制度与之都不太匹配：深刻了解行业问题的研发人员、有工匠精神的高技能操作人员、既了解技术又懂商务的技术经理人。针对第一类人才，我们建议国家成立某种新型研发机构，统一规划管理，分省或者分行业建设一系列的工程技术创新中心，对愿意去"专精特新"企业工作的硕士生和博士生，由该平台机构提供事业编制、基本薪水和社保，解决身份问题，让他们有安全感。但是，前5年里，这些硕士生和博士生必须在"专精特新"企业从事与研发有关的工作，由企业为他们提供绩效工资。工作5年以上的，可以自主选择继续留在企业工作，或者回流到新型研发机构。这种机制设计有利于疏通人才招聘中的堵点，推动高学历人才服务中小企业，实现理论和实践相结合，同时降低企业用工成本和风险。平台机构以及下属的工程技术创新中心在整个过程中应该持续为企业提供共性技术支持和最佳实践经验的收集、整理与扩散。对于第二类高技能操作人才，职业院校应该借鉴德国的双元制、三元制教育的模式，校企共建，服务当地企业，培养动手能力强、热爱制造业、踏实肯干的新一代工人，鼓励他们成为"新时代的工匠"。对于第三类人才，国家应该在理工科大学背景的商学院里，开设技术经理人专业硕士学位，多学科联合培养既懂科技又懂商务、法律、财务等方面知识的复合型人才，促进产学研协同创新以及科技成果的转化。

14

就"专精特新"企业的培育和发展接受央视采访

> **写在前边的话**
>
> 2022年4月26日,我接受央视采访,谈"专精特新"的培育和发展。5月8日,《新闻联播》中播出部分内容。以下是接受采访时的文字记录稿。采访时间全长30分钟左右。地点:干城科技创新有限责任公司(北京友谊宾馆)。

问:"专精特新"在当前我国经济中特殊的作用体现在哪里?国家为什么要布局"专精特新",引导中小企业向这个方向发展?

(1) 全球化分裂。自2018年中美贸易战以来,全球化出现逆转或者叫全球化分裂。1990—2010年间的那种超级全球化已经一去不复返了,全球化分裂变成了市场区域化和规则分层化。美国对中国进行战略遏制和技术"脱钩",希望中国一直处于产业链的中低端。欧盟和日本等发达经济体也紧随其后,严格限制对中国出口转让先进技术。例如,德国已把中国列为"系统性的竞争对手"。在这种情况下,中国制造业要想从中低端突围,走向创新链和价值链的中高端，只能靠自主创新，别无他途。

（2）中国中小企业的现状。中国中小企业量大面广，铺天盖地，有4 600万家，但是多而不强，绝大多数中小企业缺乏核心技术，没有市场话语权。很多关键的基础材料、基础元器件、基础工艺、产业技术基础和基础工业软件等都严重依赖进口。"专精特新"主要是为了解决"卡脖子"、补链强链延链、补短板锻长板以及工业强基问题。"专精特新"主要服务于为龙头企业做配套，可以提高中国产业链的稳定性和竞争力。俄乌战争爆发之后，我们看得越发清楚，更加有了时不我待的紧迫感。

（3）中小企业梯度培育体系。"专精特新"企业是工业和信息化部提出的优质中小企业梯度培育中的一环，它不是一个孤立的概念和项目，而是一个完整的体系。工信部有一个"百十万千工程"，打算在"十四五"期间培育100万家创新型中小企业、10万家"专精特新"企业、1万家专精特新"小巨人"和1 000家"单项冠军"。除此之外，站在这个金字塔尖的还有几百家领航企业。优质中小企业培育体系既是一个市场竞争筛选过程，也是一个政府培育企业的过程，是把有效市场和有为政府结合起来、加快经济高质量发展的好政策。

（4）从企业经营和管理的角度来说，"专精特新"是绝大多数中小企业都应该走的人间正道。它的基本含义是专业化、精细化、特色化和新颖化，是把"专精"聚焦在一个细分领域和"特新"（差异化）战略结合在一起，把企业家精神中的创新战略和工匠精神中的精益求精结合在一起。不同于前些年许多企业动不动就声称自己要成为一家平台型企业，也不同于前些年脱"实"向"虚"、搞互联网金融或者房地产，"专精特新"企业专注于发展制造业，是制造业强国的中坚力量。我认为，鼓励中小企业走"专精特新"之路是一种非常正确的政策导向。

问：从中国经济的长远发展来看，"专精特新"企业对未来经济稳增长又能起到怎样的支撑作用？

（1）稳增长。近段时间，因为疫情蔓延的问题，包括上海在内的多个城市都实行了静默管理。当下经济下行压力很大，人们对未来的预期转弱，在这种情况下鼓励更多的人去创业，不是一项好的公共政策，也不太现实，因为这是违反人性的。但是，把有限的资源精准地投到已经经历过市场的大风大浪捶打的优质中小企业身上，给它们赋能，大概率会进一步提升这些企业的创新能力、经济效益和创造就业岗位的能力，这对于稳增长是有帮助的。中小企业，就像是顽强的小草和灌木丛，它们的广度、深度和灵活度是中国经济的韧性之所在，全社会一定要呵护好它们，中国经济才有希望。尤其是在疫情之下，全球产业链重新调整和转移的大背景下，这一点尤为关键。

（2）培育新动能。专精特新"小巨人"企业中有一部分是传统制造业的升级转型的产物，还有一部分属于战略新兴产业。所有入选专精特新"小巨人"的企业都是围绕填补空白、国产替代、高端制造业、战略新兴产业、新一代信息技术与实体经济相结合，而且都是优中选优出来的。第三批"小巨人"有6789的特征——60%属于工业强基，70%的企业经营十年以上，80%的企业市场份额本省第一，90%的企业属于制造业。相比其他中小企业，这些企业创新能力强、专业化水平高，这就为培育新的经济动能提供了良好的基础。

（3）对于"专精特新"企业不要操之过急，耐心很重要。我们不能指望"专精特新"企业立刻就能填补上这个新旧动能转换期的空白。即使是已经入选专精特新"小巨人"的一些企业，研发基础仍然比较薄弱，专利质量比较差，创新程度比较低。"专精特新"企业的成长就像是金丝楠木一样，长得很慢但是很结实，或者又像是竹子一样，需要在地下默默地孕育很多年才行，所以需要耐心和时间。不可能今天评上专精特新"小巨人"，就以为自己已经达到了世界领先水平了，就不得了了。事实上，这才刚走上正道，距离世界水平的"单项冠军"企业还有很长的路要走。

关于"专精特新"企业的未来发展，我的几点建议是：

（1）融通创新。关于"专精特新"企业的发展本身，不能就"专精特新"谈"专精特新"。"专精特新"和融通创新是一枚硬币的两个面。"专精特新"企业需要嵌入整个产业生态系统中，需要大中小企业融通创新，需要产学研教协同创新，需要各种金融服务的支持，需要专业化的创业服务，需要有一大批能促进科技成果转化的科技经理人，需要生产性服务业与制造业之间的相互促进等。这些要素与各个省市的产业环境、营商环境和当地文化等结合在一起，组成一个创新生态系统，才能促进经济发展。

（2）关于创新型中小企业的评选。创新型中小企业是"专精特新"企业的基础。"十四五"期间，工业和信息化部打算培育出100万家创新型中小企业。我建议各地应该因地制宜地出台相应的评选标准，因为创新型中小企业非常多样化，有地方特色，只有当地政府最了解当地中小企业的发展实情。所以，不一定要出台统一的创新型中小企业的评选标准，最多就是一个指导意见，评选标准没有必要"一刀切"。

（3）关于"单项冠军"和领航企业在产业链中的作用。应该提高自己的政治站位，要更有社会责任和担当，要有更大的胸怀，主动担负起链主、领头雁、排头兵的角色，引领中小企业的发展。各地政府也在组织一些揭榜挂帅的活动，就是希望能促进大中小企业融通创新。

（4）"专精特新"企业的发展离不开生产性服务业。例如，面向制造业的金融机构（如供应链金融）、知识产权组织、广告公司、管理咨询公司、科创服务平台、工程技术创新中心、律师事务所、会计师事务所、物流系统等，这些对于发展"专精特新"企业都非常关键。如果这些产业创新生态系统的成员不够发达，当地的制造业就很难发展起来，所以，我希望这类生产性服务业也能走"专精特新"之路。"专精特新"是一种精神、一种战略、一种方法论，服务业也可以走这条路。我建议国家有关部门可以把高质量的生产服务业当作一个单独的系列进行评选，加以扶持。

图书在版编目（CIP）数据

大变局下的中国管理：专精特新之路.2/赵向阳著. --北京：中国人民大学出版社，2023.10
ISBN 978-7-300-31825-7

Ⅰ.①大… Ⅱ.①赵… Ⅲ.①经济管理－研究－中国②中小企业－企业发展－研究－中国③共同富裕－研究－中国 Ⅳ.①F123

中国国家版本馆 CIP 数据核字（2023）第 109665 号

大变局下的中国管理 2：专精特新之路
赵向阳　著
Dabianju Xia de Zhongguo Guanli 2：Zhuanjingtexin zhi Lu

出版发行	中国人民大学出版社		
社　　址	北京中关村大街 31 号	邮政编码	100080
电　　话	010－62511242（总编室）		010－62511770（质管部）
	010－82501766（邮购部）		010－62514148（门市部）
	010－62515195（发行公司）		010－62515275（盗版举报）
网　　址	http://www.crup.com.cn		
经　　销	新华书店		
印　　刷	北京联兴盛业印刷股份有限公司		
开　　本	720 mm×1000 mm　1/16	版　　次	2023 年 10 月第 1 版
印　　张	16 插页 2	印　　次	2023 年 10 月第 1 次印刷
字　　数	179 000	定　　价	82.00 元

版权所有　　侵权必究　　印装差错　　负责调换